101 REGRAS BÁSICAS PARA EDIFÍCIOS E CIDADES SUSTENTÁVEIS

HUW HEYWOOD

GG®

Gostaria de agradecer a todos os revisores profissionais e acadêmicos do manuscrito, cujos pontos de vista e comentários me auxiliaram a manter preciso o foco do livro. Entre eles, estão incluídos: Sofie Pelsmakers, Lynne Sullivan, Roddy Langmuir, Brian Edwards e James Warne, que ofereceram seus conhecimentos profissionais especializados generosamente e com tanta boa vontade. Sou grato ao dr. Bill Davies e ao dr. Nick Koor pelas suas contribuições especializadas, e à editora RIBA Publishing pelo apoio contínuo à série. Um agradecimento especial para James Scrace pelo uso de suas habilidades visuais, técnicas e organizacionais na confecção do livro. Estou novamente em dívida com Betty por sua paciência e apoio.

Título original: *101 Rules of Thumb For Sustainable Buildings and Cities*. Publicado originalmente por RIBA Publishing em 2015
Desenho gráfico: Luis Peral-Aranda

Tradução, revisão técnica e preparação de texto: Alexandre Salvaterra
Revisão de texto: Ana Beatriz Fiori e Solange Monaco
Design da capa: Toni Cabré/Editorial Gustavo Gili, SL

Impresso na China
ISBN: 978-85-8452-095-4

Dados Internacionais de Catalogação na Publicação (CIP)
(Câmara Brasileira do Livro, SP, Brasil)

Heywood, Huw
101 regras básicas para edificações e cidades sustentáveis / Huw Heywood ; [tradução Alexandre Salvaterra]. -- São Paulo : Gustavo Gili, 2017.

Título original: 101 Rules of thumb for Buildings and Cities; Inclui bibliografia
ISBN: 978-85-8452-095-4

1. Arquitetura sustentável 2. Arquitetura sustentável - Aspectos ambientais 3. Cidades - Aspectos ambientais 4. Edifícios - Engenharia ambiental 5. Edifícios - Projeto e construção -Guias, manuais etc I. Salvaterra, Alexandre II. Título.

17-01349 CDD-720.47

Índices para catálogo sistemático:
1. Arquitetura sustentável 720.47

Editorial Gustavo Gili, SL
Via Laietana 47, 2º,
08003 Barcelona,
Espanha. Tel. (+34) 93 3228161
Editora G. Gili, Ltda
Av. José Maria de Faria, 470,
Sala 103, Lapa de Baixo CEP:
05038-190, São Paulo-SP, Brasil.
Tel. (+55) (11) 3611 2443

SUMÁRIO

PREFÁCIO

O primeiro livro da série *101 regras básicas* concentrou-se em como projetar edificações de baixo consumo energético, o que consiste em apenas um dos assuntos de uma esfera bem mais abrangente da arquitetura sustentável. Este segundo título enfoca essa abordagem mais ampla.

Como espécie, passamos 90% de nosso tempo em edificações – e, desde o ano 2000, há mais de nós vivendo em cidades do que em ambientes rurais. Cidades inteiramente novas estão emergindo no mundo em desenvolvimento, e cidades imensas estão se formando à medida que centros urbanos já existentes se fundem – aspectos que aumentam a pressão exercida sobre os ecossistemas do planeta. Como resultado, no mundo inteiro as pessoas estão se tornando mais conscientes da necessidade de projetar, construir e gerenciar uma série de edificações sustentáveis.

Apesar disso, a falta de orientações claras para o desenvolvimento e a manutenção da arquitetura e de cidades sustentáveis é mencionada com frequência como sendo uma lacuna específica no conhecimento tanto para a prática quanto para a formação nessa área. A fim de compreender como construir edificações e cidades sustentáveis, uma pessoa interessada deve ter de compilar um amplo espectro de literatura em uma vasta área de assuntos que englobam arte, ciência e tecnologia, ciências sociais e humanidades – uma tarefa que já é atemorizante para um autor; imagine para a maioria dos atarefados líderes de projeto, arquitetos e estudantes de arquitetura.

O objetivo dessas regras é, portanto, abordar e interpretar os temas essenciais dessa literatura essencial, apresentando-os em um único volume abrangente que permita aos leitores saber de onde partir, que aspectos levar em conta e o que funciona.

INTRODUÇÃO E PARA QUE SERVEM AS REGRAS BÁSICAS

Desde o seu surgimento, há 4,5 bilhões de anos, nosso planeta tem resistido a muito mais do que aquilo que nós humanos temos jogado nele (e removido dele) nos últimos meros 200 mil anos. Geologicamente falando, vivemos agora no período Holoceno – uma era que começou há mais ou menos 11.700 anos e que testemunhou tanto o desenvolvimento de civilizações quanto o surgimento das cidades. A mensagem que advém desse fato é que se faz necessária a adoção de pensamentos e ações sustentáveis, não exatamente devido à fragilidade do planeta em si, mas muito mais devido ao risco que apresentamos para nós mesmos e devido à nossa vulnerabilidade, resultante de nossas próprias ações sobre o ambiente. Sustentabilidade é um assunto amplo e complexo, mas no centro desse tema está a simples verdade de que tudo o que nós humanos precisamos para sobreviver e nos desenvolver é fornecido pelo mundo natural, de modo que precisamos encontrar um equilíbrio produtivo com a natureza se pretendemos perdurar. De certo modo, este livro é a respeito das preocupações globais com a destruição do ecossistema, a perda de espécies, as mudanças climáticas, o suprimento de alimentos e energia, a poluição e os resíduos que dominam a literatura a respeito da sustentabilidade, mas ele não se dedica aos aspectos negativos: as regras básicas procuram oferecer uma esfera positiva para a tomada de boas decisões.

A natureza multidimensional da sustentabilidade representa tanto seus atrativos quanto suas dificuldades. Frases com as quais nos tornamos acostumados, e que frequentemente são utilizadas de maneira intercambiável, incluem "ecológico", "verde", "bioclimático", "ambiental" e com frequência ouvimos edificações e cidades serem descritas como "sustentáveis". Contudo, uma edificação ou uma cidade pode ter sido projetada com fortes credenciais ambientais/ecológicas (por exemplo, usando baixo consumo energético, incorporando recursos sustentáveis, atendendo à necessidade humana de conforto) e ainda assim não ser sustentável, seja por não ser aceita pela sociedade, por gerar resíduos e poluição, por ser complexa demais para funcionar ou mesmo cara demais para operar. É preciso, no intuito de projetar ambientes sustentáveis, ter sempre em mente e de modo holístico as pessoas para as quais esses ambientes são projetados (agora e no futuro), os lugares que estão sendo projetados e a natureza de nosso planeta. Assim, quem tem uma paixão especial por criar edificações e espaços belos e duradouros será quem encontrará soluções inovadoras e permanentes para o estilo de vida no planeta. As regras básicas são para quem deseja levar a sério a responsabilidade ética de encomendar, projetar, operar e habitar as atuais e futuras edificações e cidades sustentáveis.

Este livro é organizado em cinco capítulos ilustrados com diagramas, assim como o primeiro livro da série. As regras básicas são apresentadas do Capítulo 1 ao Capítulo 4, e o Capítulo 5 mostra como essas regras podem ser aplicadas estrategicamente dentro do contexto de uma ideia importante que está surgindo: a ideia de que não devemos simplesmente reduzir os danos que causamos, e sim buscar resultados positivos para o ambiente, para os ecossistemas e para as pessoas. As regras básicas ilustradas nos Capítulos 1 a 5 constituem, de certa maneira, o livro propriamente dito; afinal de contas, uma imagem vale por mil palavras. Em seguida, uma bibliografia comentada explica o livro, disponibilizando a pesquisa de base realizada e fazendo referências aos textos fundamentais, além de sugerir ideias para fontes de informação adicional e incluir comentários do autor.

Tendo em vista que a sustentabilidade é um tema interdisciplinar e em constante desenvolvimento, que envolve uma imensa diversidade de ideias e tópicos, o leitor vai encontrar, nos capítulos que seguem, referências a assuntos como a química e a ecologia de materiais de construção, o estudo da paisagem sonora, os hábitos das corujas, a biomimética, a justiça social e a equidade, as ciências da terra, a fisiologia humana (como os seres humanos funcionam), a física das edificações (como as edificações funcionam), a climatologia urbana, a hidrologia, a saúde e os processos de projeto e agricultura urbana, para citar apenas alguns assuntos.

Apesar dessa diversidade, todas as questões relativas à sustentabilidade estão conectadas, e isso se reflete na tentativa de mostrar, por meio de referências cruzadas ao final de cada regra, as situações que apresentam conexões particularmente fortes. Espera-se que o leitor considere essa ferramenta especialmente útil, pois, conforme o verdadeiro espírito do pensamento sustentável, é possível perceber a existência de uma forte conexão existente entre cada uma das regras básicas apresentadas nas páginas seguintes.

CAPÍTULO 1

OS PRINCÍPIOS DA SUSTENTABILIDADE

A natureza da sustentabilidade
O bem-estar das futuras gerações
Criando ambientes sustentáveis
As mudanças climáticas

1 EXISTE APENAS UM PLANETA TERRA

Existe apenas uma Terra, e sua capacidade de suportar uma população humana cada vez maior é limitada. Com base na taxa de consumo atual, precisaríamos de uma Terra e meia para oferecer todos os recursos de que precisamos e para absorver os nossos resíduos e o CO_2 que emitimos. Estamos tratando nosso planeta como uma conta bancária no negativo. Nesse ritmo, por volta de 2050 precisaremos do suporte de três Terras, algo que não possuímos. Há uma obrigação ética de projetar o ambiente construído para funcionar dentro dos recursos do planeta e com uma pegada ecológica mínima.

Vincula-se com todas as outras regras

2 SUSTENTABILIDADE SIGNIFICA PENSAR HOJE SOBRE O AMANHÃ

Nossas decisões e ações como arquitetos hoje terão impacto no planeta para as gerações futuras. O objetivo do arquiteto é melhorar, no longo prazo, a qualidade tanto da vida humana quanto dos ecossistemas que a suportam. Tome todas as decisões tendo em mente as futuras gerações.

Vincula-se às regras 1, 12, 15, 19, 20, 22, 37, 45, 54, 69, 76

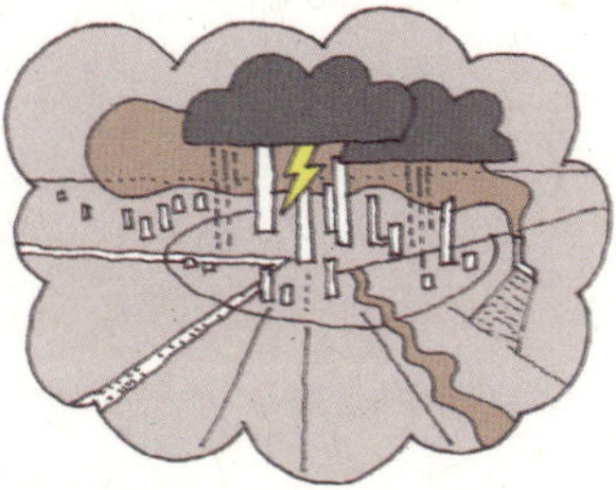

3 ECONOMIA, EQUIDADE, MEIO AMBIENTE: OS TRÊS PILARES DA SUSTENTABILIDADE

Os três pilares da sustentabilidade são conhecidos, em inglês, como os "três es" (*economy*, *equity*, *environment*). Toda a sociedade se beneficia de edificações que são economicamente viáveis e funcionais, tanto agora como no futuro. A sociedade deve precisar e querer desenvolver-se e, para que se torne inclusiva, deve ter relevância cultural e histórica e precisa ser agradável e útil a todos. E porque o bom projeto é duradouro, deve sempre procurar proteger e aprimorar o ambiente e seus ecossistemas.

Vincula-se às regras 1, 5, 7, 8, 45, 75, 83, 94

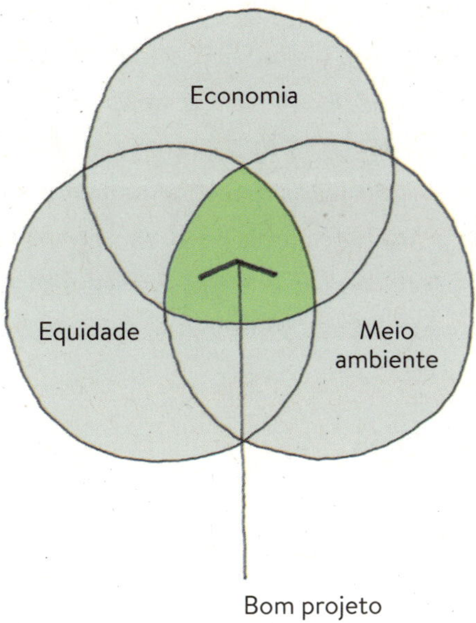
Economia
Equidade
Meio
ambiente
Bom projeto

4 A ARQUITETURA SUSTENTÁVEL É UM MÉTODO, NÃO UM ESTILO

Edificações e cidades apenas serão sustentáveis se nos propusermos a fazê-las assim, e isso requer uma compreensão interdisciplinar de aspectos econômicos, sociais, ambientais e técnicos que devem ser aplicados desde o início. Depois que um prédio é projetado, é tarde demais para torná-lo sustentável. Os recursos e acessórios adicionados que contribuem pouco ou nada do ponto de vista ambiental são conhecidos como "ecomaquiagem" e com frequência servem apenas de fachada. Procure fazer edificações sustentáveis desde o início, ou elas nunca o serão.

Vincula-se às regras 1, 5, 6, 45, 89, 95

Sustentabilidade ou ecomaquiagem?

5 A ARQUITETURA SUSTENTÁVEL POSSUI SEIS DIMENSÕES

Uma edificação sustentável é holística, concebida tendo-se em mente toda a sua vida útil. A efetividade das qualidades da arquitetura sustentável, assim como seu impacto ambiental, pode ser avaliada ao longo das etapas de projeto. Isso é possível porque os tradicionais desenhos bidimensionais se tornaram inteligentes modelos virtuais em tridimensionais, nos quais o tempo é a quarta dimensão e o custo de nossas decisões ao longo da vida é a quinta. Em um modelo hexadimensional (6D), as informações preexistentes do projeto são disponibilizadas ao proprietário, a fim de possibilitar um funcionamento sustentável da edificação. Inove com as ferramentas disponíveis para criar ambientes sustentáveis – projete em seis dimensões.

Vincula-se às regras 1, 3, 4, 6, 15, 23, 26, 33-37, 38, 42, 45, 69, 75

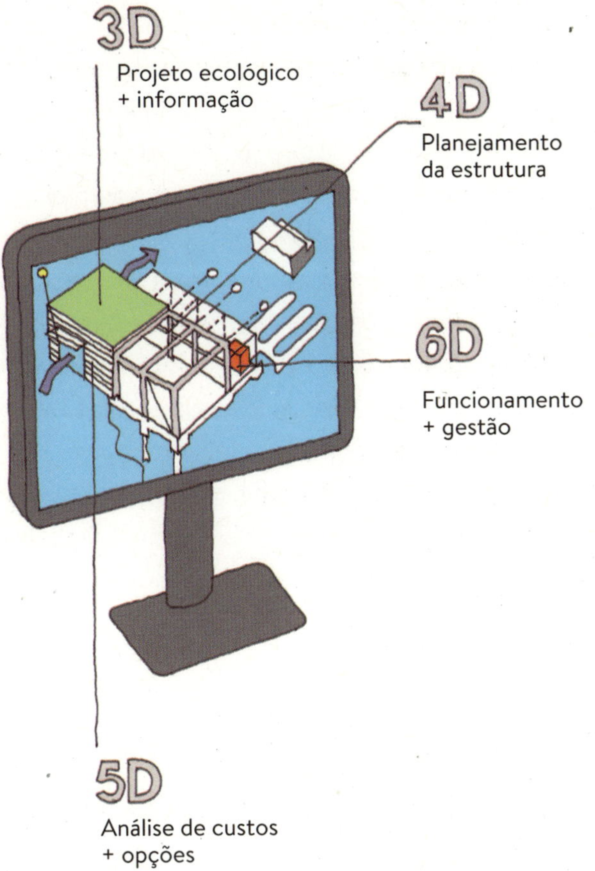
3D
Projeto ecológico
+ informação
4D
Planejamento
da estrutura
6D
Funcionamento
+ gestão
5D
Análise de custos
+ opções

6 O QUÃO "VERDE" É SUA EDIFICAÇÃO?

"Verde" significa sustentável, mas existem diversos tons de verde. Uma edificação "verde-clara" leva em conta algumas regras básicas. Uma edificação "verde profundo" vai adotar adequadamente a maior parte delas. Tenha como objetivo o verde mais forte possível. Um edifício verde profundo:

- Terá vedações externas de alta eficiência energética
- Será um produtor de energia e sem emissão de carbono
- Otimizará o uso de recursos e de energia incorporada
- Minimizará o uso e o desperdício de água
- Será saudável e não poluente
- Será duradouro, adaptável e fácil de desmontar

Vincula-se às regras 1, 4, 5, 10, 11, 12, 19, 23, 26, 33-37, 38, 42, 45, 72, 73, 74

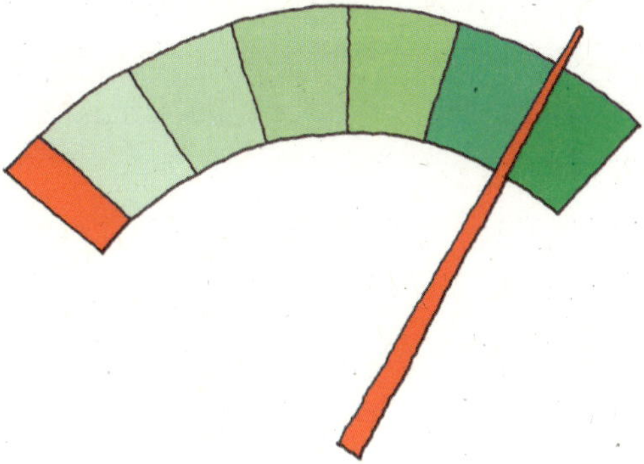

7 O QUE SIGNIFICA O MEIO AMBIENTE, AFINAL?

Os gregos antigos não possuíam o termo "meio ambiente". O termo que utilizamos hoje é relativamente novo: cunhado durante a Revolução Industrial, seu significado está ligado à influência humana sobre o planeta. Para projetar com sensibilidade ambiental, precisamos primeiro saber o que é o meio ambiente: consiste no conjunto dos elementos do mundo físico e biológico e em suas inter-relações.

Vincula-se às regras 1, 3, 8, 45

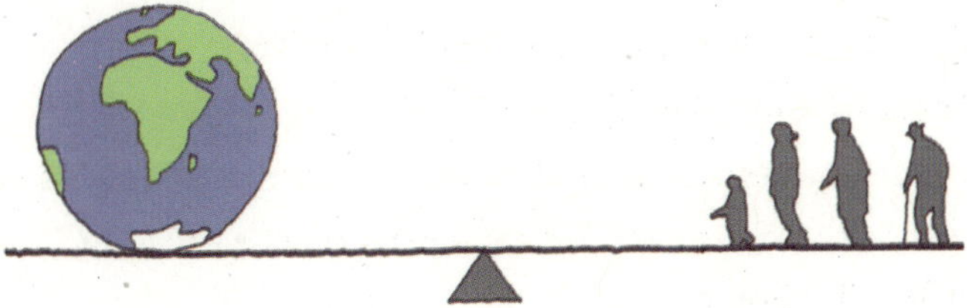

Ar, água, terra, recursos
naturais, flora, fauna,
seres humanos

8 AR, ÁGUA, TERRA, RECURSOS NATURAIS, FLORA, FAUNA, SERES HUMANOS

O meio ambiente em que vivemos não se constitui apenas de nosso entorno imediato; é importante lembrar que ele existe simultaneamente nas escalas global, local e da edificação. Arquitetos e usuários das edificações e cidades atuam o tempo todo em cada uma dessas escalas ambientais.

Vincula-se às regras 1, 3, 7, 9, 45

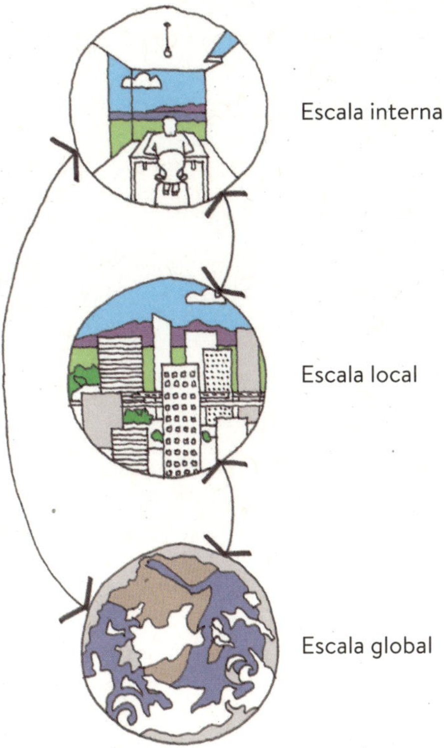
Escala interna
Escala local
Escala global

9 SUAS AÇÕES LOCAIS PRODUZEM EFEITOS GLOBAIS

Se projetamos uma residência, podemos pensar que estaríamos preocupados principalmente com o ambiente interno, bem como com a interação com o meio ambiente local do entorno imediato. Mas sistemas de climatização podem se fazer necessários, resultando em emissões de CO_2, contribuindo para o aquecimento global e, como uma reação em cadeia, afetando o ambiente global. As escalas do meio ambiente são interligadas: quando alguém simplesmente acende uma luz em casa ou no trabalho, torna-se um elo na cadeia global.

Vincula-se às regras 1, 8, 15, 45, 67

10 O EDIFÍCIO MAIS SUSTENTÁVEL PODE SER AQUELE QUE NÃO CHEGA A SER CONSTRUÍDO

Podemos escolher se construímos, reestruturamos, compartilhamos ou modificamos nossas vidas de algum modo. Considere cuidadosamente todas as opções de modo a determinar qual estabelece a melhor relação entre necessidades e impactos ambientais. Às vezes, a decisão de não construir uma nova edificação é a decisão mais ecológica.

Vincula-se às regras 1, 6, 11, 12, 45

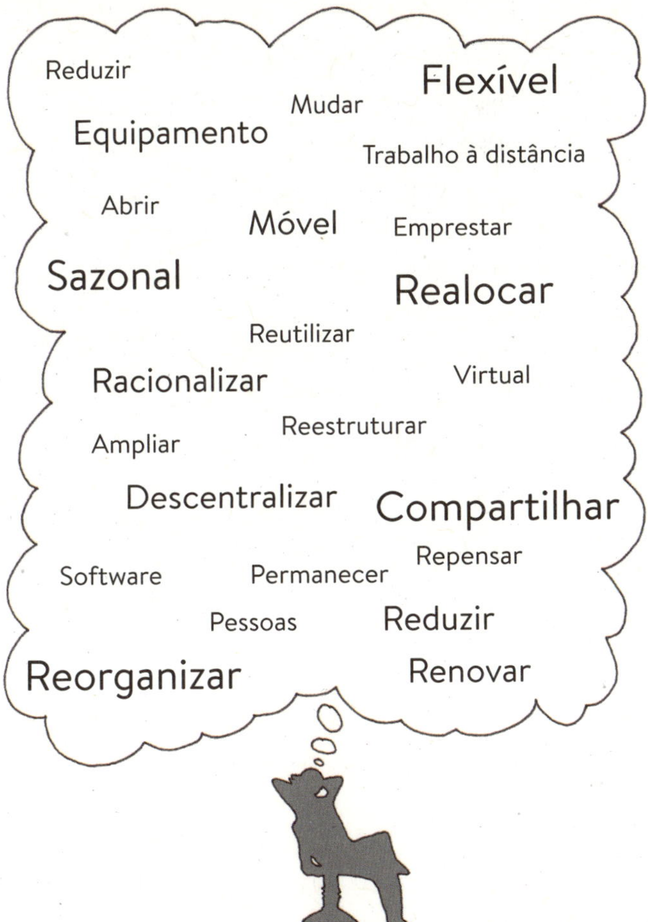
Reduzir
Mudar
Flexível
Equipamento
Trabalho à distância
Abrir
Móvel
Emprestar
Sazonal
Realocar
Reutilizar
Racionalizar
Virtual
Reestruturar
Ampliar
Descentralizar
Compartilhar
Repensar
Software
Permanecer
Pessoas
Reduzir
Reorganizar
Renovar

11 O EDIFÍCIO MAIS SUSTENTÁVEL PODE SER AQUELE QUE JÁ FOI CONSTRUÍDO

Uma edificação já existente, adaptada para um novo uso ou aprimorada em termos de tecnologias energéticas, padrões de isolamento térmico e desempenho de ventilação pode proporcionar um espaço saudável, de baixo consumo energético, produtivo e de alta qualidade, frequentemente com uma melhor relação custo/benefício. Se o consumo de energia puder ser substancialmente reduzido, uma reforma deverá ser a solução com menor emissão de carbono – e o aproveitamento das vedações externas preexistentes pode contribuir para a qualidade do espaço público. Muitas das edificações em nossas cidades estão vazias grande parte do tempo: procure propor usos inovadores, de longo prazo, temporários ou múltiplos para edificações subutilizadas.

Vincula-se às regras 1, 6, 10, 24, 25, 38, 45, 76, 86

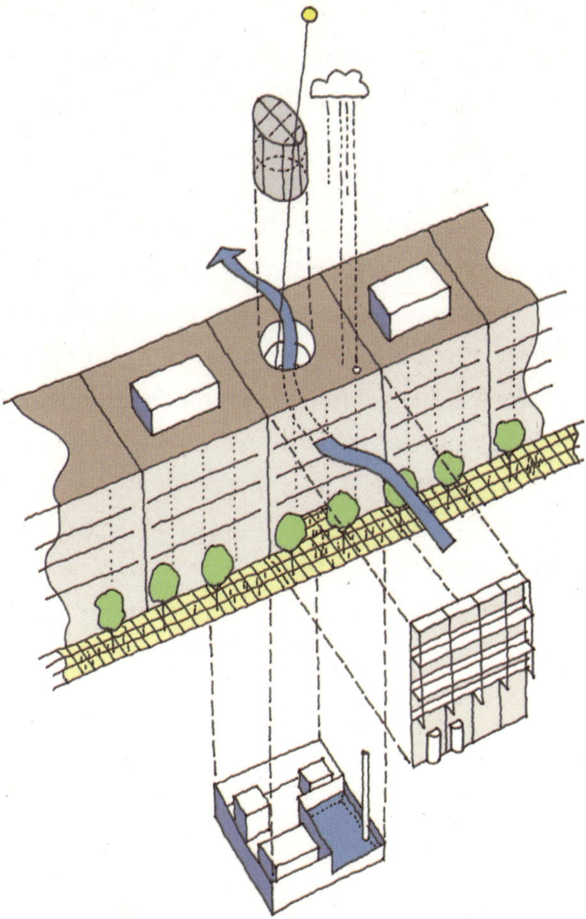

12 A DECISÃO DE CONSTRUIR TEM CONSEQUÊNCIAS DE LONGA DURAÇÃO

Leva-se tempo para projetar e construir uma edificação ou cidade sustentável, mas, uma vez que esteja pronta, o ambiente construído durará muito mais do que aqueles poucos anos – no caso de uma edificação, talvez cem anos ou mais. Desse modo, as decisões iniciais do arquiteto são muito importantes, duradouras e terão fortes impactos ambientais ao longo da fase de funcionamento na vida de uma edificação. Certifique-se de que está fazendo as escolhas certas, seguindo as regras básicas.

Vincula-se às regras 1, 2, 6, 10, 13, 19, 45, 69

A fase de funcionamento:

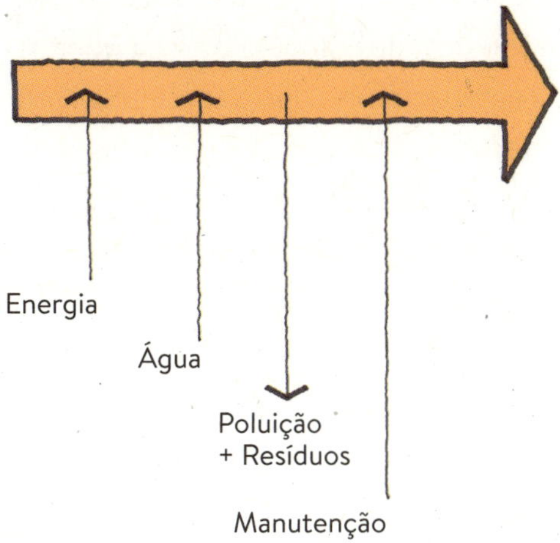

13 "LONGA VIDA ÚTIL, RESILIÊNCIA, BAIXO CONSUMO ENERGÉTICO"

Essa expressão (em inglês: *long life*, *loose fit*, *low energy*), um grito de guerra para defensores e arquitetos do ambiente construído, surgiu, de modo algo profético, logo antes da primeira grande crise do petróleo no início dos anos 1970. Considere a longevidade, a flexibilidade e a eficiência energética como as bases de uma arquitetura sustentável. Lembre-se que móveis, acessórios, equipamentos e acabamentos internos serão substituídos com relativa regularidade, instalações prediais a cada dez ou vinte anos, elementos das vedações externas a cada vinte ou trinta anos e mudanças mais significativas poderão ocorrer entre trinta e 75 anos de vida útil de uma edificação. Cada vez que isso ocorrer, melhorias ambientais e de eficiência energética também deverão ser efetuadas.

Vincula-se às regras 1, 12, 19, 26, 45, 69, 85

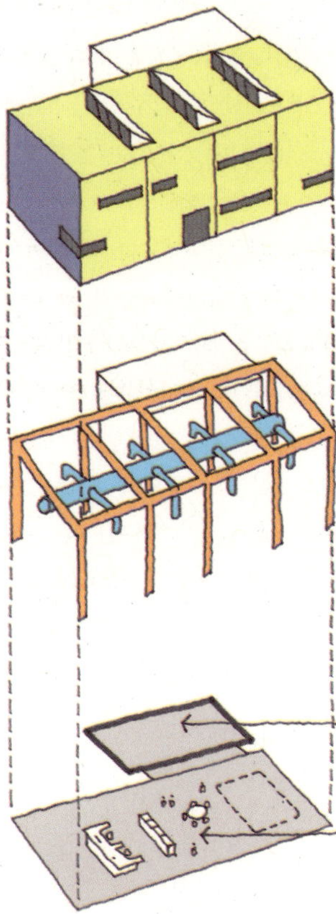
Vedações externas:
robustas, de baixo consumo
energético, adaptáveis
Estrutura: permite
flexibilidade espacial
Instalações prediais:
acessíveis e atualizadas
Elementos fixos:
escadarias, elevadores,
banheiros, plantas das salas
Elementos móveis:
mobiliário, paredes internas,
equipamentos

14 A FIM DE REDUZIR EMISSÕES DE CO_2, REDUZA O USO DE COMBUSTÍVEIS FÓSSEIS

Mais de 80% da demanda global de energia são supridos por meio de combustíveis fósseis. A maior parte do aumento da concentração de dióxido de carbono (CO_2) na atmosfera terrestre aconteceu devido à industrialização nos últimos 150 anos, e metade do CO_2 de fontes humanas (antropogênicas, não o CO_2 natural) não é reabsorvida no ciclo de carbono. Como um "gás de efeito estufa", está relacionado com o aquecimento global e com as mudanças climáticas. No Reino Unido, quase metade das emissões de CO_2 deriva da construção e do funcionamento de edificações.

Vincula-se às regras 1, 15, 16, 18, 26, 45, 55, 86

80% da energia provêm de combustíveis fósseis

As edificações utilizam 40% de toda a energia que geramos

15 AS EDIFICAÇÕES INFLUENCIAM O AQUECIMENTO GLOBAL

Usamos metade da energia mundial para aquecer, resfriar, iluminar, ventilar e dar potência às nossas edificações. Muito dessa energia deriva de combustíveis fósseis e, como resultado, nossas edificações são responsáveis por 40% de todas as emissões de CO_2, contribuindo para o aquecimento global e as mudanças climáticas. Devemos reduzir o consumo de energia de nossas edificações como parte da luta contra esses fenômenos.

Vincula-se às regras 1, 2, 5, 9, 14, 16, 17, 25, 45, 85, 91

CO_2 → Aquecimento global → Mudanças climáticas

16 NA VERDADE, SÃO AS PESSOAS, E NÃO AS EDIFICAÇÕES, QUE CONSOMEM ENERGIA

Frequentemente ouvimos falar que as edificações utilizam cerca de metade de toda a energia global produzida, mas os usuários de uma edificação exercem grande influência no seu desempenho. Se for mal projetada, consome mais energia que uma edificação bem projetada e de baixo consumo energético, independentemente do que façam seus usuários. Contudo, possibilitar que estes saibam onde e quando a energia está sendo usada e facilitar seu controle sobre esse uso são mecanismos-chave para reduzir o consumo de energia.

Vincula-se às regras 1, 14, 15, 24, 45, 67, 68

control panel
?!

17 INTERROMPA O CÍRCULO VICIOSO URBANO

Desde o ano 2000, pela primeira vez na história da humanidade, há mais pessoas vivendo em cidades do que em ambientes rurais. Essa tendência persistirá, aumentando a pressão exercida sobre os ambientes urbanos, as pessoas e o planeta. As cidades produzem 75% dos gases de efeito estufa produzidos mundialmente, e o aquecimento global provavelmente resultará em um aumento do consumo de energia: cria-se um círculo vicioso de resultados imprevisíveis, e as condições climáticas extremas conduzem ao aumento do consumo de energia, resultando em uma maior emissão de gases de efeito estufa e levando a ainda mais mudanças climáticas. Devemos reduzir as emissões de nossos ambientes urbanos por meio do planejamento inteligente e da renovação dos sistemas de transporte, dos serviços públicos e das edificações.

Vincula-se às regras 1, 15, 18, 45, 55, 58, 59, 80, 99

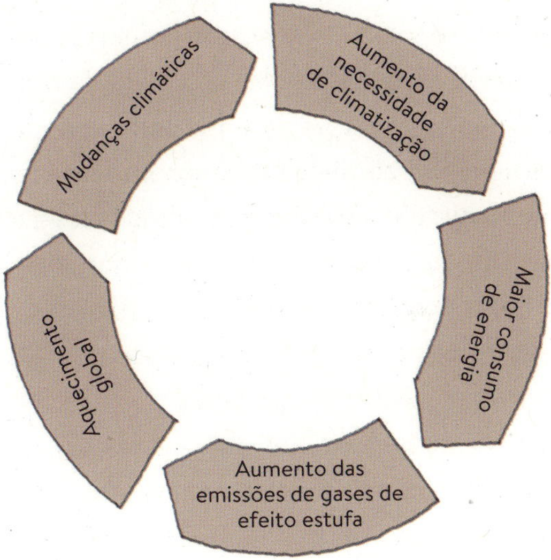
Aumento da necessidade de climatização
Maior consumo de energia
Aumento das emissões de gases de efeito estufa
Aquecimento global
Mudanças climáticas

18 AMBIENTES SUSTENTÁVEIS EXIGEM MEIOS DE TRANSPORTE SUSTENTÁVEIS

As edificações são responsáveis por metade da produção de gases de efeito estufa pelos seres humanos, mas metade do que sobra é produzida pelo transporte de pessoas e produtos entre as edificações, dentro das cidades e entre as cidades. Um sistema de transporte de massa eficiente, relacionado a projetos urbanos compactos e de usos múltiplos reduz o consumo de energia, a poluição e a emissão de gases de efeito estufa. Um bom planejamento estimula deslocamentos a pé e de bicicleta – e trabalhar em casa duas vezes por mês pode reduzir as emissões em 10%. Para empreendimentos fora das cidades, o carbono gerado pelo transporte pode ser ainda mais alto do que o gerado pelo uso das edificações, de modo que um sistema de transporte sustentável é imprescindível.

Vincula-se às regras 1, 14, 17, 45, 51, 77, 81, 83, 101

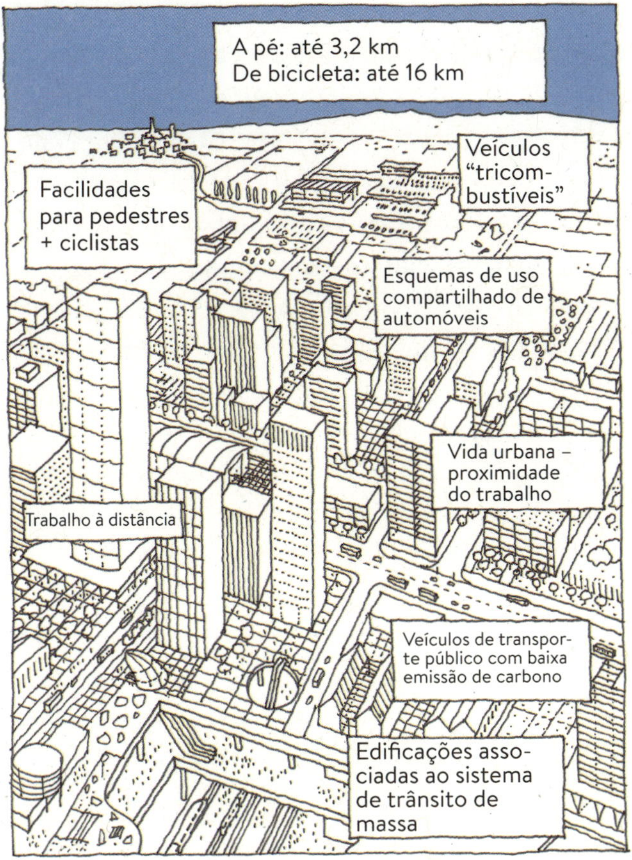
A pé: até 3,2 km
De bicicleta: até 16 km
Veículos "tricom-bustíveis"
Facilidades para pedestres + ciclistas
Esquemas de uso compartilhado de automóveis
Vida urbana – proximidade do trabalho
Trabalho à distância
Veículos de transpor-te público com baixa emissão de carbono
Edificações asso-ciadas ao sistema de trânsito de massa

19 CRIE PROJETOS ADAPTÁVEIS

Uma edificação deve ser projetada de tal modo que possa ser adaptada para necessidades futuras ainda desconhecidas. Se uma edificação é adaptável desde o início, possibilitará que seus futuros usuários ampliem a sua vida útil, aproveitando novas tecnologias e modificando seus espaços, ambientes e estruturas para atender as novas exigências. Uma edificação, quando não é adaptável, logo deixa de ser útil.

Vincula-se às regras 1, 2, 6, 12, 13, 45, 86

Ampliar

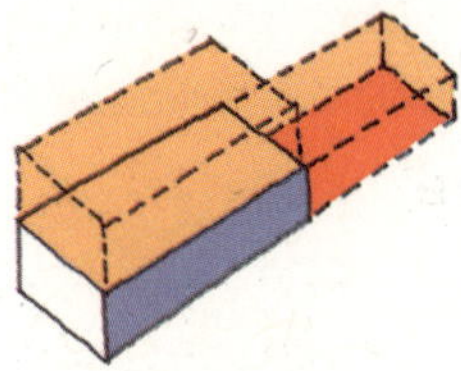

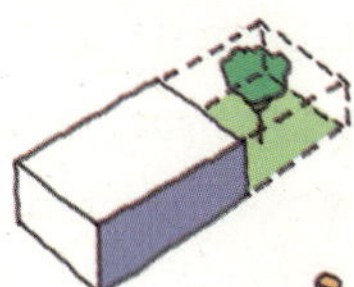

Reduzir

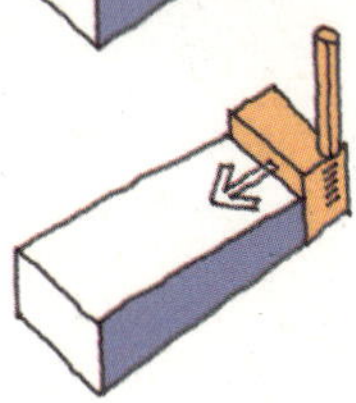

Reciclar o uso

Mover

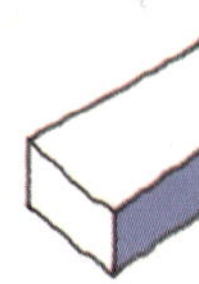

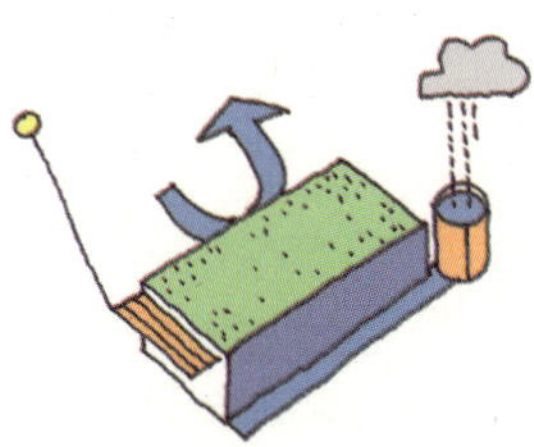

Adaptar
ao clima

20 CRIE PROJETOS RESILIENTES

As mudanças climáticas resultam em diversas condições incomuns em todas as regiões do planeta, incluindo o aumento das chuvas, a possibilidade de secas, a ocorrência de eventos climáticos mais extremos, a elevação e a diminuição das temperaturas, o aumento do nível do mar e enchentes, além dos efeitos sobre os materiais decorrentes do aumento do número de insetos e das radiações ultravioleta (UV). A resposta é clara: projete edificações, cidades e infraestruturas que os conectem para que sejam resilientes às previsões de futuras mudanças climáticas, incluindo as condições em que a edificação será construída.

Vincula-se às regras 1, 2, 40, 45

Edificações flutuantes ou palafitas em áreas propensas a enchentes

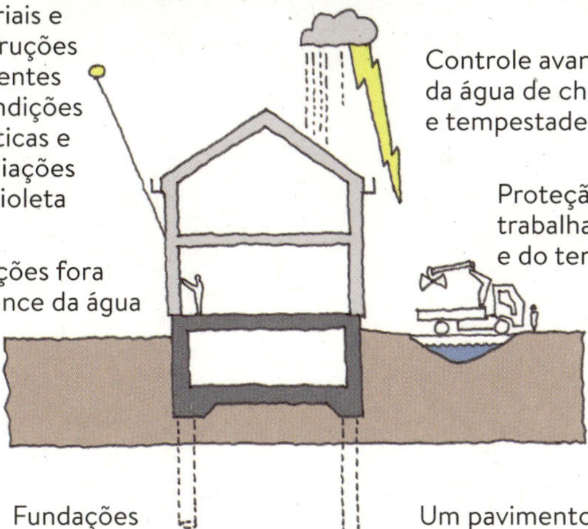
Materiais e construções resistentes às condições climáticas e às radiações ultravioleta
Controle avançado da água de chuvas e tempestades
Proteção dos trabalhadores e do terreno
Instalações fora do alcance da água
Fundações resistentes a secas e tempestades
Um pavimento de subsolo sacrificial e robusto

21 NÃO ESTÁ CONECTADO À REDE PÚBLICA DE ELETRICIDADE?

Quase um quarto da população mundial vive sem eletricidade, mas frequentemente isso não ocorre por escolha própria. É possível (e às vezes necessário) em certas situações, locais e regiões climáticas que as edificações sejam desconectadas dos serviços públicos e se tornem "autônomas" ou autossuficientes. A decisão de não estar conectado à rede pode ser motivada pelo desejo de economizar, reduzir a dependência de instituições e governos ou, algumas vezes, reduzir a pegada ecológica. Caso escolha viver desconectado da rede pública de eletricidade, assegure-se de que combustíveis fósseis não sejam utilizados, inclusive para o transporte para áreas remotas, e que existam fontes locais e sustentáveis de água e sistemas de tratamento de esgoto.

Vincula-se às regras 1, 28-30, 45, 91

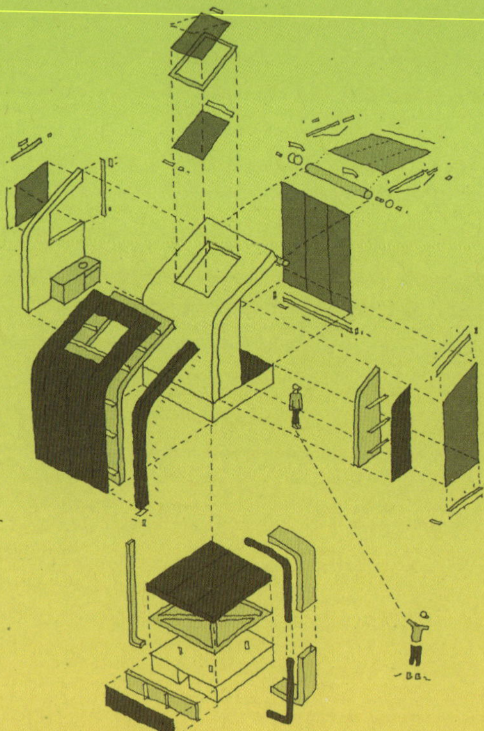

CAPÍTULO 2

RESPEITANDO OS RECURSOS GLOBAIS

Materiais, energia e água

Os resíduos

O ciclo de vida dos recursos

22 A TERRA É A FONTE DE TODOS OS MATERIAIS DE CONSTRUÇÃO

É importante nos recordarmos do simples fato de que a Terra é a fonte de toda a matéria-prima a partir da qual produzimos tudo aquilo que utilizamos para construir nossas edificações (e, na verdade, tudo aquilo que usamos em nossas vidas). Muitos desses recursos são finitos: eles irão acabar. Outros podem ser renováveis, mas devemos gerenciar todos os recursos da Terra tendo em mente as futuras gerações.

Vincula-se às regras 1, 2, 23, 45

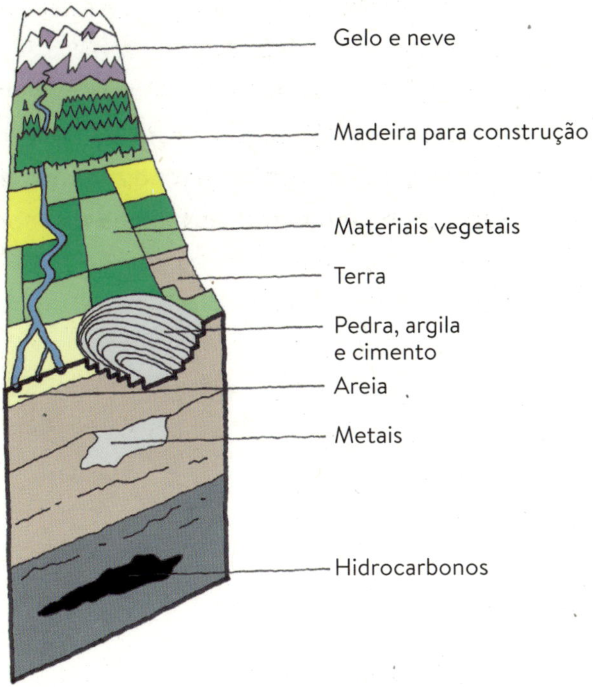
Gelo e neve
Madeira para construção
Materiais vegetais
Terra
Pedra, argila
e cimento
Areia
Metais
Hidrocarbonos

23 FAÇA MAIS COM MENOS – PRATIQUE A ECONOMIA DE RECURSOS

As edificações consomem metade dos recursos mundiais e a maior parte desses recursos não é renovável, como os metais e minerais. Nosso consumo global de recursos tende a quadruplicar por volta de 2050, visto que a população mundial continua a crescer. Ao projetarmos nossas edificações e cidades, devemos praticar a economia de recursos globais, conservando-os tanto na fase de construção quanto na de uso. Leve em conta o tamanho da edificação necessária, o uso eficiente de materiais e a reutilização dos resíduos. Certifique-se de que todos os componentes e sistemas estejam sendo bem utilizados, de preferência com cada um deles cumprindo mais de uma tarefa.

Vincula-se às regras 1, 5, 6, 22, 33-37, 42, 45, 91

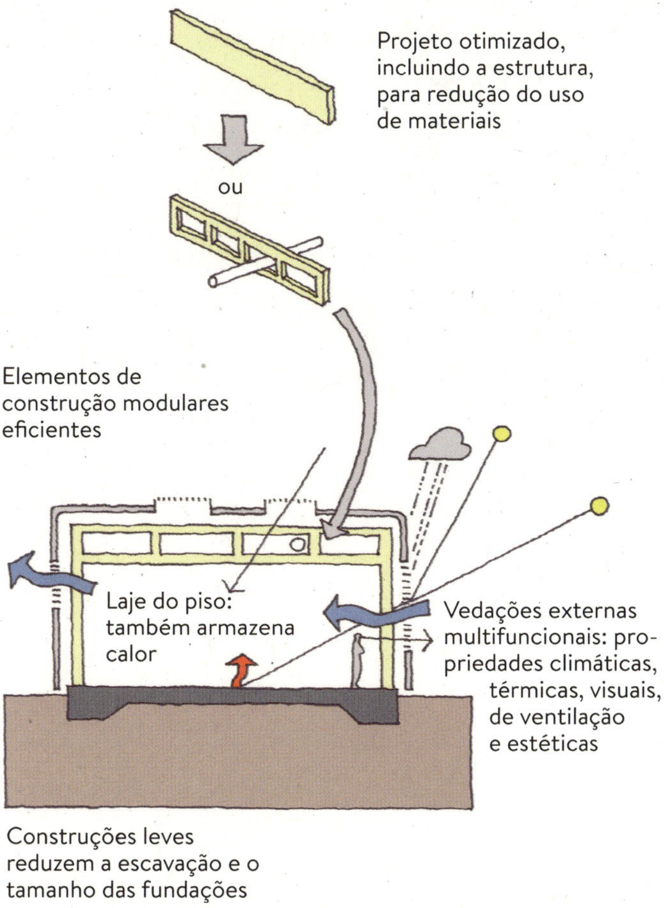
Projeto otimizado,
incluindo a estrutura,
para redução do uso
de materiais
ou
Elementos de
construção modulares
eficientes
Laje do piso:
também armazena
calor
Vedações externas
multifuncionais: pro-
priedades climáticas,
térmicas, visuais,
de ventilação
e estéticas
Construções leves
reduzem a escavação e o
tamanho das fundações

24 A QUANTIDADE DE ENERGIA NECESSÁRIA PARA USAR UMA EDIFICAÇÃO É DEZ VEZES MAIOR QUE A ENERGIA USADA PARA CONSTRUÍ-LA

A energia operacional ao longo da vida útil de uma moradia típica será dez vezes maior do que a energia utilizada para fazê-la – a energia incorporada. Certifique-se de que as edificações são altamente eficientes em termos energéticos e, então, se concentre na energia incorporada.

Vincula-se às regras 1, 11, 16, 25, 26, 35, 45, 87

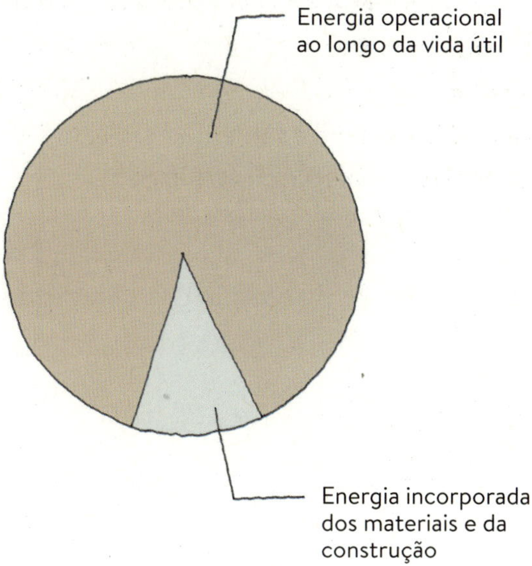
Energia operacional ao longo da vida útil
Energia incorporada dos materiais e da construção

25 USE A ENERGIA INCORPORADA PARA REDUZIR A ENERGIA OPERACIONAL

Todo material de construção possui energia incorporada: a energia gasta em sua extração, produção, transporte, instalação e desmontagem. Devemos buscar a redução da energia incorporada por meio de projetos de edificações duradouras, adaptáveis e de baixo consumo energético. Use materiais intensivos no consumo de energia, tais como concreto, tijolo, vidro e isolamento apenas moderadamente – e quando os utilizar, eles devem ser empregados para reduzir a energia operacional.

Vincula-se às regras 1, 11, 15, 24, 35, 45, 62

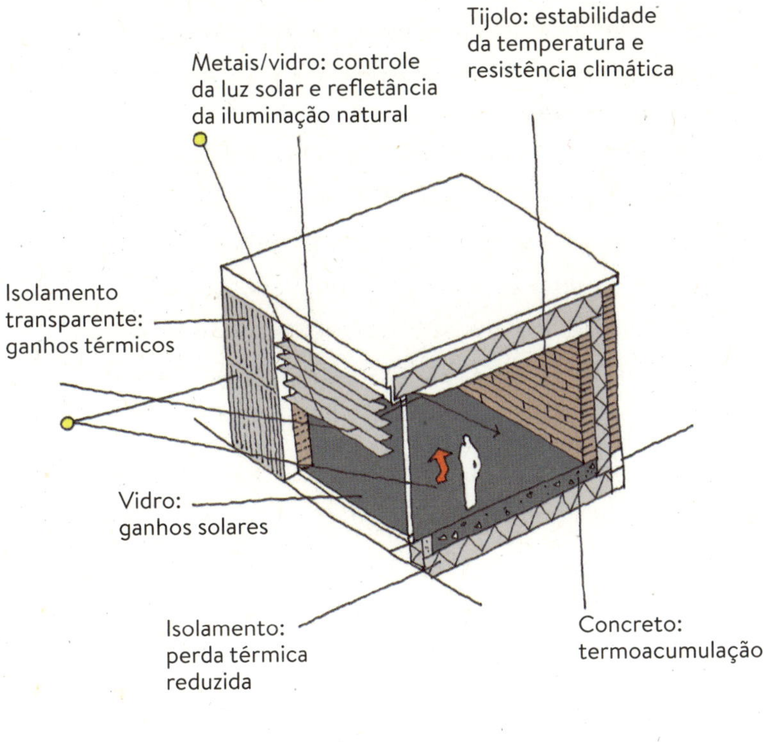
Tijolo: estabilidade da temperatura e resistência climática
Metais/vidro: controle da luz solar e refletância da iluminação natural
Isolamento transparente: ganhos térmicos
Vidro: ganhos solares
Isolamento: perda térmica reduzida
Concreto: termoacumulação

26 SIGA AS REGRAS BÁSICAS PARA UMA ARQUITETURA DE BAIXO CONSUMO ENERGÉTICO

A arquitetura sustentável deve ser de baixo consumo energético. Existem regras simples para o arquiteto que definem como usar o sol, o vento, a luz natural e a forma da edificação para reduzir esse consumo energético.

Vincula-se às regras 1, 5, 6, 13, 14, 24, 32, 45, 84, 85

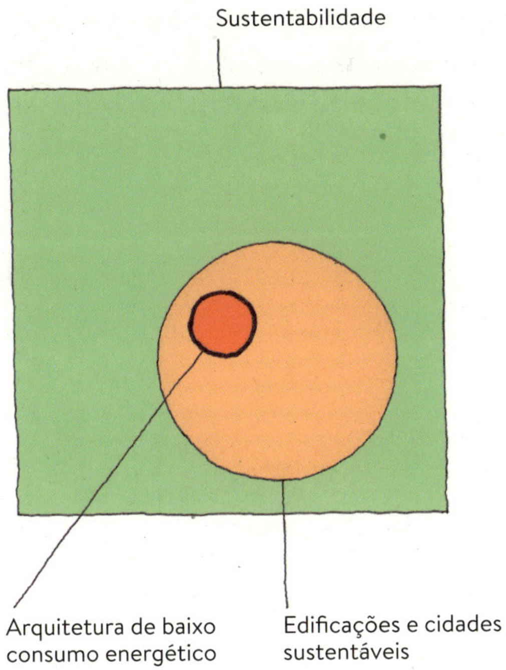
Sustentabilidade
Arquitetura de baixo consumo energético
Edificações e cidades sustentáveis

27 BAIXO CONSUMO PRIMEIRO, ENERGIAS RENOVÁVEIS DEPOIS: PENSE “PRIMEIRO AS VEDAÇÕES EXTERNAS”

Energia quer dizer eletricidade, frio ou calor. Mesmo quando as edificações utilizarem somente fontes de energia renováveis ou de baixa emissão de carbono, procure antes minimizar o consumo dessa energia, maximizando a utilização dos recursos e fontes naturais de climatização, ventilação e iluminação e projetando vedações externas apropriadas. Só então considere o uso de fontes de energia renováveis. A máxima que devemos lembrar é “primeiro as vedações externas”.

Vincula-se às regras 1, 28-30, 31, 32, 45

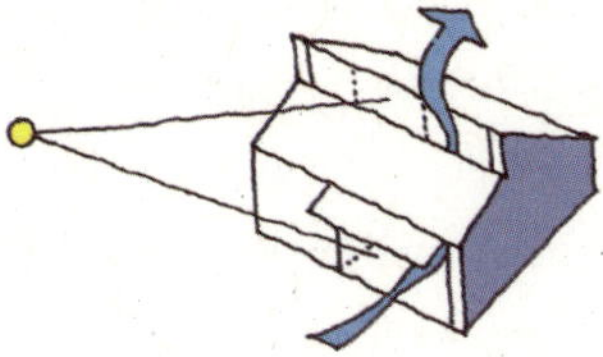

Primeiro as vedações externas

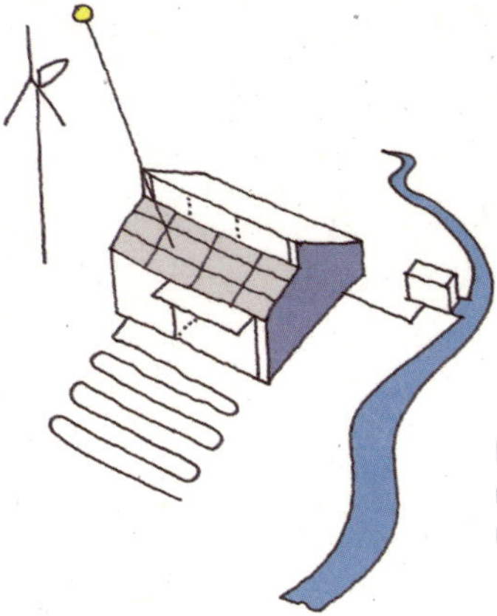

Fontes de energia renováveis, se necessárias

28 FONTES DE ENERGIA RENOVÁVEIS: A ÁGUA

Ao utilizar a energia de um rio para acionar uma turbina, as microusinas hidrelétricas podem fornecer eletricidade para uma casa ou um pequeno grupo de edificações. Os locais ideais para esse uso incluem as áreas montanhosas, que tendem a apresentar chuvas ao longo de todo o ano, e outras regiões cujos rios possuem uma alta queda vertical (ou "altura de pressão") ou uma vazão adequada. As grandes taxas de fluxo de água tendem a ser sazonais, então procure combinar fontes de geração de energia hidroelétrica com as solares. Até 9,8 kW podem ser produzidos para cada m^3/s de água que cai um metro. Uma altura de pressão de pelo menos dez metros é o ideal, sendo 1,5 m o mínimo necessário.

Vincula-se às regras 1, 21, 27, 45

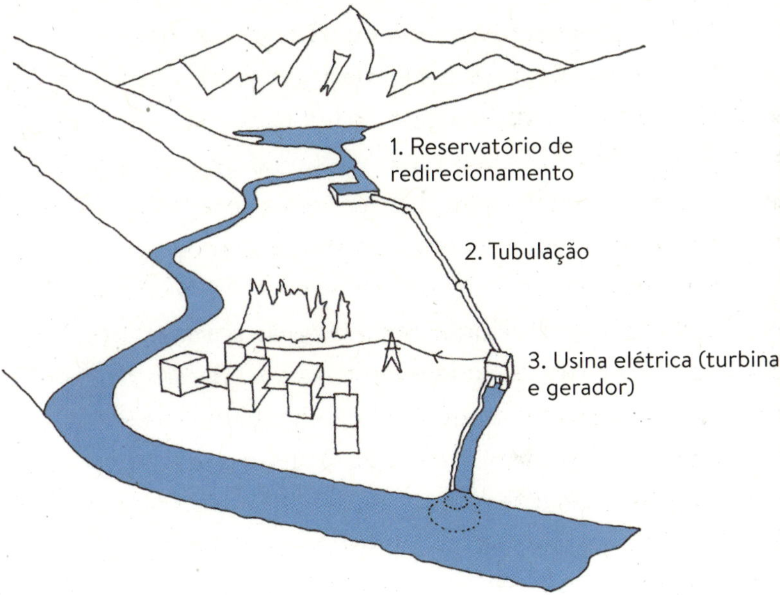
1. Reservatório de redirecionamento
2. Tubulação
3. Usina elétrica (turbina e gerador)

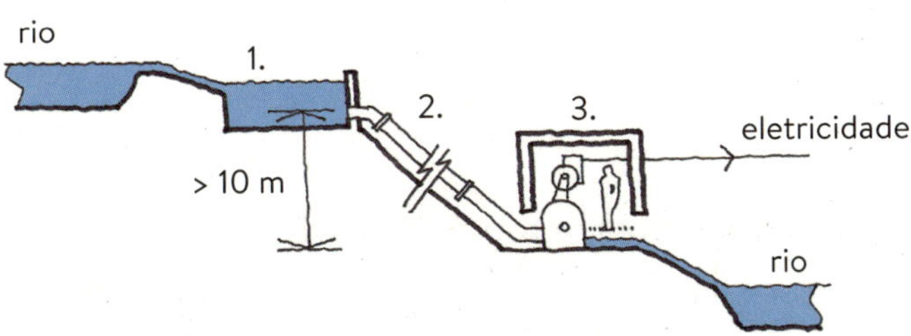
rio
1.
2.
3.
eletricidade
> 10 m
rio

29 FONTES DE ENERGIA RENOVÁVEIS: O VENTO

Se a velocidade média do vento for maior do que 5 m/s, considere o uso de uma turbina eólica para gerar energia. Em áreas urbanas, isso será um desafio, a menos que sua edificação tenha quinze pavimentos ou mais. Lembre-se de primeiro analisar a velocidade do vento ao longo do ano, e depois obter as autorizações legais. Uma turbina pequena de 1,5 kW pode fornecer um quarto da energia utilizada em uma residência típica no Reino Unido, um décimo nos Estados Unidos e mais ou menos a média de consumo de energia na Índia atualmente.

Vincula-se às regras 1, 21, 27, 45, 53, 64

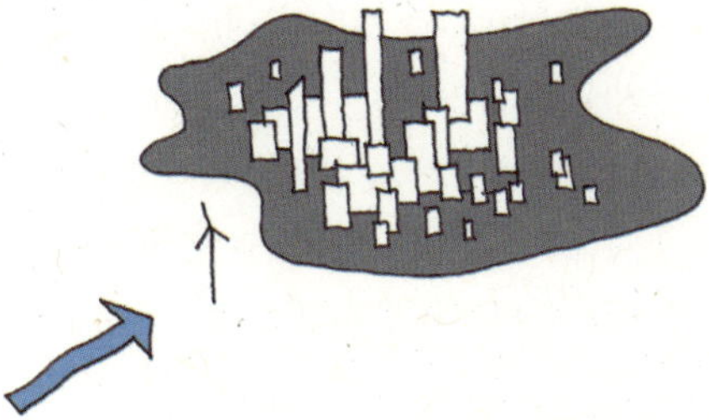

Instale as turbinas fora de áreas urbanas

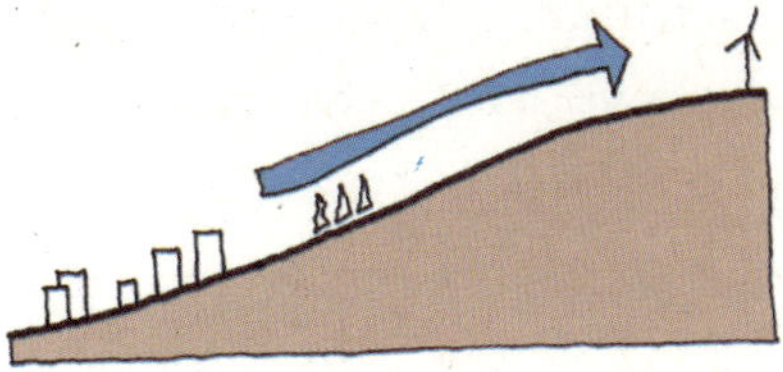

Ou no topo de colinas suaves

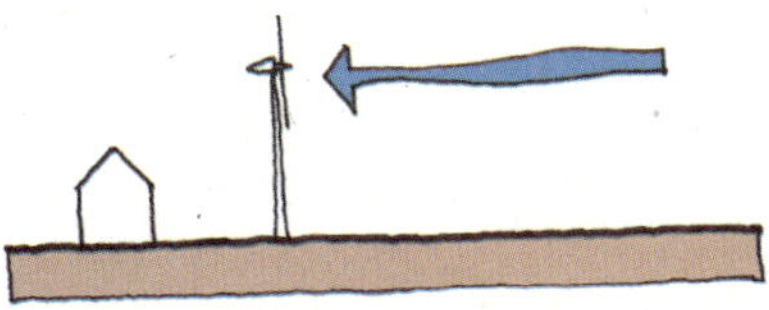

Microgeradores eólicos precisam de boa exposição e ventos fortes

30 FONTES DE ENERGIA RENOVÁVEIS: O SOL

Diferentemente da água e do vento, o sol pode fornecer tanto eletricidade quanto calor. Considere o uso de painéis geradores de energia fotovoltaica e coletores térmicos de calor do sol para o aquecimento da água. A eletricidade deve ser armazenada se não for usada imediatamente, ou ser conectada para alimentar a rede pública de eletricidade. Sistemas comunitários de calefação e eletricidade serão mais eficientes do que instalações individuais. Os biocombustíveis, capazes de produzir tanto calor quanto eletricidade, podem ser menos nocivos do que os combustíveis fósseis em regiões onde terras anteriormente utilizadas para cultivo de alimentos forem ser legalmente redirecionadas para esse uso, sempre garantindo que os ecossistemas sejam protegidos.

Vincula-se às regras 1, 21, 27, 45, 53, 60

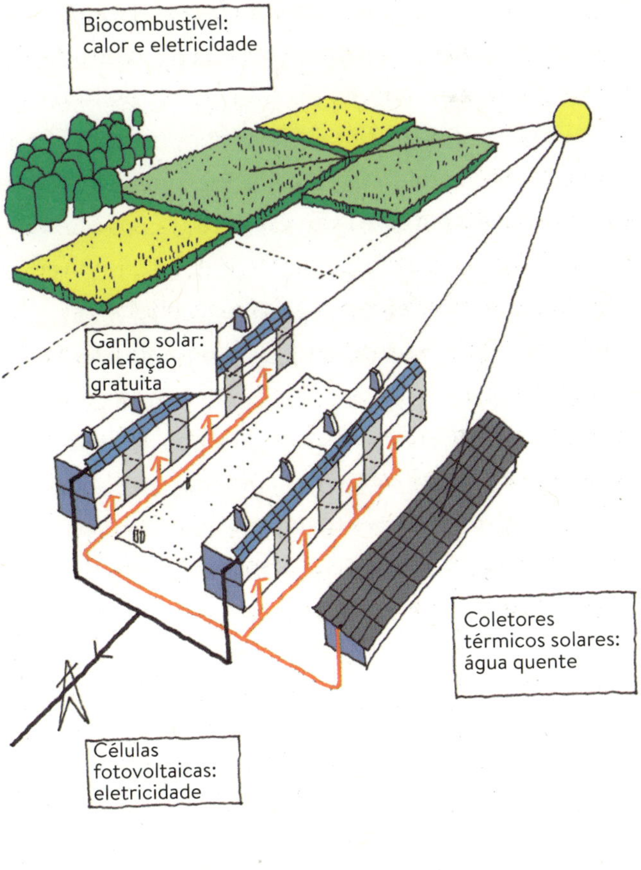
Biocombustível:
calor e eletricidade
Ganho solar:
calefação
gratuita
Coletores
térmicos solares:
água quente
Células
fotovoltaicas:
eletricidade

31 USE FONTES ALTERNATIVAS DE ENERGIA PARA AQUECER E ILUMINAR AS CIDADES

Distritos e bairros – e até mesmo cidades inteiras – podem ser abastecidos por fontes de energia renováveis. Plantas de geração combinada de energia elétrica e térmica, energia eólica e das ondas são algumas possibilidades. Cidades sustentáveis convertem seus resíduos em energia, fornecendo energia elétrica e térmica para a cidade a partir de uma única e ampla instalação. Outras formas de biomassa, tais como gases de depósitos de lixo e restos de madeira, bem como resíduos de processos industriais, também podem ser utilizadas para acionar instalações de cogeração de energia elétrica e térmica. Uma usina de cogeração de energia elétrica e térmica, em uma situação ideal, pode estar situada em terrenos outrora contaminados e recuperados, próximos a locais de uso contínuo de energia (tais como hospitais, prédios públicos ou fábricas) e, ao contrário das fontes de energia solar e eólicas, podem operar ininterruptamente.

Vincula-se às regras 1, 27, 32, 45, 99

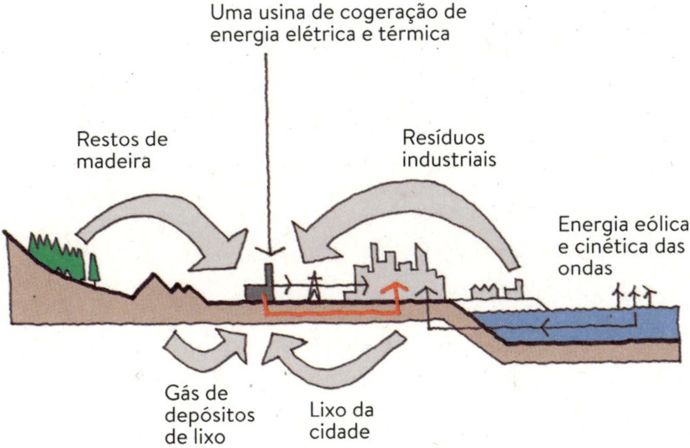
Uma usina de cogeração de
energia elétrica e térmica
Restos de
madeira
Resíduos
industriais
Energia eólica
e cinética das
ondas
Gás de
depósitos
de lixo
Lixo da
cidade

32 USE FONTES DE ENERGIA EFICIENTES E DE BAIXA EMISSÃO DE CARBONO

Existem fontes de energia renováveis (eólica, solar e biomassa) e existem fontes de energia de baixa emissão de carbono (bombas de calor, gás natural ou eletricidade produzida em uma usina de turbinas a gás de ciclos combinados – TGCC –, que reutiliza o calor normalmente desperdiçado para gerar mais energia do que uma usina tradicional). Algumas vezes, as fontes de energia renováveis não estão disponíveis, ou talvez sejam ineficientes nas cidades. Fontes de energia de baixa emissão de carbono são a segunda opção. Para a calefação ambiente de múltiplas residências ou distritos urbanos, uma bomba de calor de fonte geotérmica ou aquática – acionada pela eletricidade de uma rede elétrica com baixa emissão de carbono e retirando calor da terra, do ar ou da água – será mais eficiente e menos poluente do que uma caldeira a gás. Lembre-se que, para o resfriamento, uma bomba de calor pode ser revertida.

Vincula-se às regras 1, 26, 27, 31, 45, 91

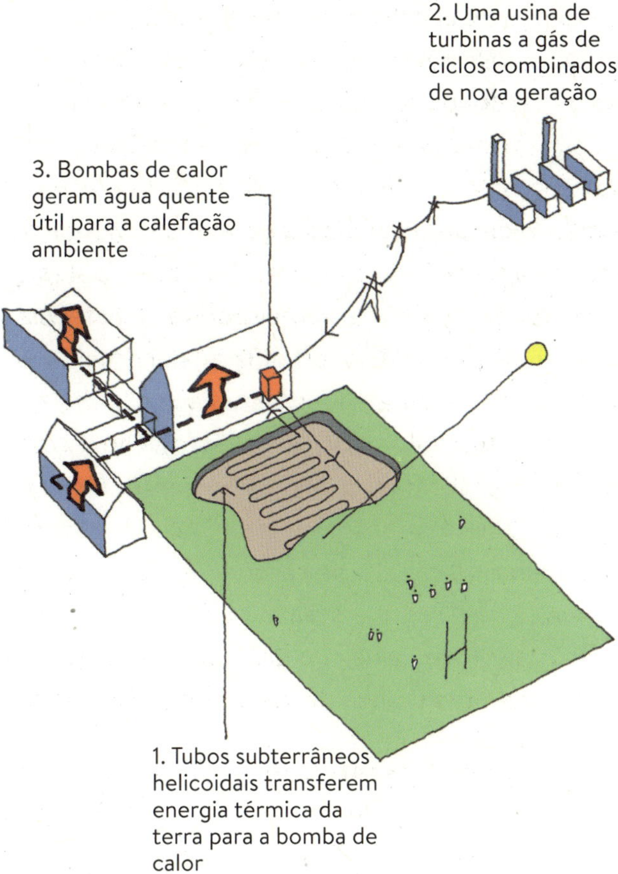
2. Uma usina de turbinas a gás de ciclos combinados de nova geração
3. Bombas de calor geram água quente útil para a calefação ambiente
1. Tubos subterrâneos helicoidais transferem energia térmica da terra para a bomba de calor

33 MATERIAIS SUSTENTÁVEIS 1: USE MATERIAIS RECICLADOS, REUTILIZADOS E DE DEMOLIÇÃO

Nossa primeira opção deve ser por materiais que já estejam disponíveis. Para o arquiteto inovador, os materiais descartados (de demolição) ainda são recursos bastante inexplorados. Materiais reutilizados são aqueles utilizados com a mesma finalidade em uma nova situação, podendo incluir aço ou tijolo. Materiais reciclados são reprocessados e com frequência exigem consumo de energia e recursos adicionais, embora, apesar disso, sejam de um modo geral preferíveis aos materiais não renováveis novos ou escassos. Materiais não renováveis (aqueles que podem ser "explorados" apenas uma vez) devem ser usados moderadamente. Em última análise, o desafio é utilizar apenas materiais renováveis e reutilizados, e não empregar materiais não renováveis.

Vincula-se às regras 1, 5, 6, 23, 44, 45

34 MATERIAIS SUSTENTÁVEIS 2: USE MATERIAIS RENOVÁVEIS E ABUNDANTES

Caso o uso de materiais novos seja necessário, use fontes renováveis como madeira ou fibra. Do ponto de vista ambiental, os materiais orgânicos são preferíveis nas construções, desde que a proporção de seu uso não exceda sua taxa de crescimento. Existem também diversos materiais que são encontrados em grande quantidade ao redor do planeta e que não correm o risco de se extinguirem, entre os quais estão a pedra, a terra, a argila, a areia e o cascalho.

Vincula-se às regras 1, 5, 6, 23, 45

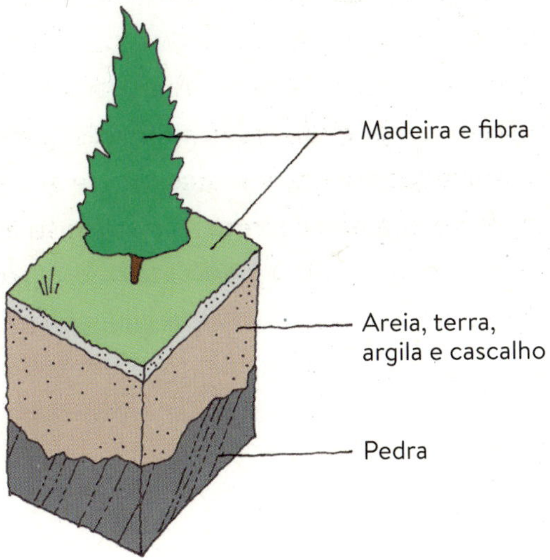
Madeira e fibra
Areia, terra,
argila e cascalho
Pedra

35 MATERIAIS SUSTENTÁVEIS 3: USE A VERSÃO DE UM MATERIAL COM MENOR EMISSÃO DE CARBONO

Materiais de construção são responsáveis por emissões cumulativas de CO_2: a energia derivada de combustíveis fósseis é utilizada em cada estágio de sua vida (extração, produção, transporte e incorporação). Assim sendo, prefira materiais orgânicos àqueles extremamente processados, garantindo um alto conteúdo de materiais reciclados e encontrando componentes alternativos com baixa emissão de carbono. Procure fabricantes que usem pouca energia derivada do carbono e fornecedores e empreiteiros que demonstrem se preocupar com um mundo de baixa emissão de carbono. Leve em conta:

- Concreto sem conteúdo de cimento
- Aço e madeira para construção reutilizados
- Aço, carpete e gesso acartonado com alto conteúdo reciclado
- Alternativas orgânicas de isolamento

Vincula-se às regras 1, 5, 6, 23, 24, 25, 45

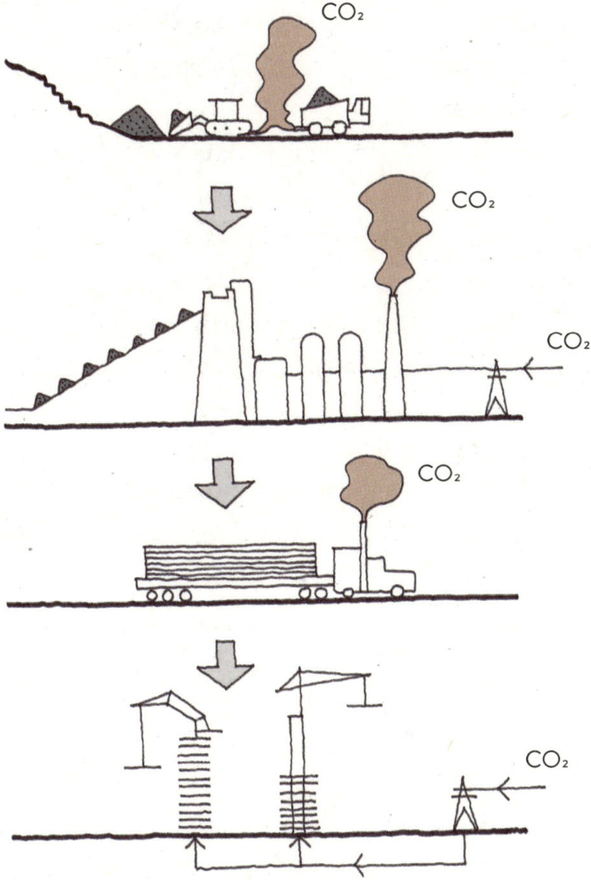
CO_2
CO_2
CO_2
CO_2
CO_2

36 MATERIAIS SUSTENTÁVEIS 4: OPTE POR FONTES LOCAIS DE MATERIAIS

Na Europa, o transporte de materiais de construção é responsável por quase 10% das emissões de gás de efeito estufa. Minimize a energia necessária para esse transporte obtendo materiais pesados que não são produzidos no local, tais como pedra e tijolo, de fontes próximas aos locais em que serão necessários. A poluição e outros inconvenientes ambientais também serão reduzidos. Materiais leves e novos devem ser obtidos de fontes a, no máximo, cem quilômetros de distância. No caso de materiais reaproveitados, pode ser justificável obtê-los de fontes mais distantes. Sempre verifique as credenciais ambientais de cada material, seja de fontes locais, seja de globais, antes de fazer suas escolhas.

Vincula-se às regras 1, 5, 6, 23, 45, 98

37 MATERIAIS SUSTENTÁVEIS 5: USE MATERIAIS ADEQUADOS E DURADOUROS

A durabilidade resulta de uma combinação entre materiais, projeto e construção duradouros. Escolha os materiais com base nas propriedades adequadas ao local e às circunstâncias, levando em conta a saúde dos usuários da edificação (eles devem ser benignos em termos de composição química e emissões) e cujo perfil ecológico do ciclo de vida possa ser identificado como de baixo impacto. Utilize como guia listas de conferência publicadas, e faça perguntas aos produtores e fornecedores.

Vincula-se às regras 1, 2, 5, 6, 23, 45, 53, 69, 72, 73, 90

38 A ÁGUA, ASSIM COMO O PETRÓLEO, É UM RECURSO NÃO RENOVÁVEL – CONSERVE-A

O planeta Terra também poderia ser chamado de planeta Água, pois esse elemento corresponde a 70% de sua superfície. Toda a água de que dispomos é a que existe no sistema hidrológico terrestre atual, mas 97,5% dela são salgadas, e a maior parte restante está congelada sob a terra. Apenas 0,008% do total da água estão prontamente disponíveis para o consumo humano. Apenas no Reino Unido, cada pessoa utiliza uma média de 163 litros de água por dia e há uma demanda crescente sobre as reservas. Desse modo, procure primeiramente reduzir o consumo por meio do uso de torneiras, chuveiros, vasos sanitários e sistemas externos de água que sejam eficientes. Em seguida, estimule um bom comportamento de controle do uso da água, fornecendo instruções claras. Por fim, conserve os sistemas hídricos de modo a eliminar os desperdícios.

Vincula-se às regras 1, 5, 6, 11, 39, 40, 45, 69, 84

39 USE O TIPO CERTO DE ÁGUA NO LUGAR CERTO

Depois de garantir a redução da demanda de água (regra 38), o próximo passo é reaproveitar as águas servidas (provenientes de lavatórios, banheiras e chuveiros) para uso em vasos sanitários, máquinas de lavar roupa e jardins, em vez de usar para esses fins a água potável de alta qualidade que utilizamos normalmente. Sempre que possível, procure aproveitar as águas servidas também como fonte de aquecimento. Além disso, em muitas regiões a coleta da água da chuva pode abastecer a irrigação e servir como fonte de suprimento da água necessária para lavagem, e ela ainda é potável em alguns lugares do planeta.

Vincula-se às regras 1, 38, 40, 45

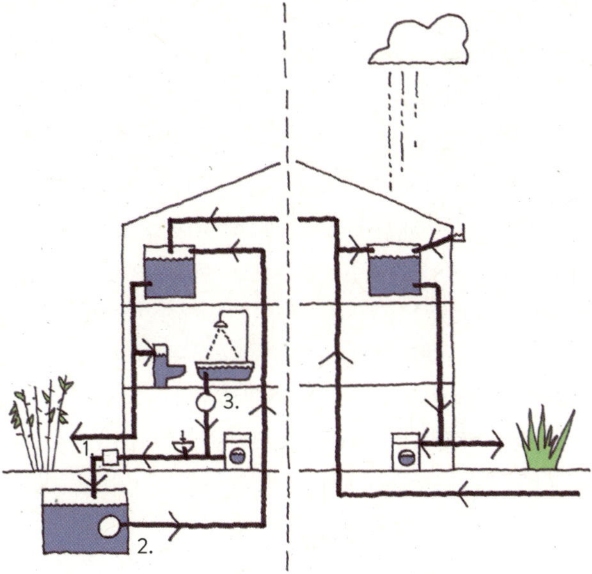

REÚSO DE ÁGUAS SERVIDAS/COLETA DE ÁGUA PLUVIAL

1. Filtro
2. Reservatório e bomba
3. Recuperação de calor

CAPTAÇÃO DE ÁGUAS PLUVIAIS

40 COLETE ÁGUA EM JARDINS DE CHUVA, ESPELHOS D'ÁGUA E BIODIGESTORES – USE SISTEMAS DE DRENAGEM URBANA SUSTENTÁVEIS

Em nossas cidades, frequentemente canalizamos a água da chuva das superfícies pavimentadas diretamente para o sistema de esgotos. O resultado é o aumento do risco de secas regionais, uma vez que os lençóis freáticos, que naturalmente são conservados no subsolo dentro de formações rochosas permeáveis conhecidas como aqüíferos, não são reabastecidos. Canalizar a água pluvial diretamente para os cursos de água também aumenta o risco de enchentes e problemas com a poluição. Um sistema de drenagem urbana sustentável possui a finalidade de imitar a drenagem natural da água, permitindo que as águas das chuvas sejam reabsorvidas pelo solo e, ao mesmo tempo, armazenando o excesso de água de maneira segura. Utilize superfícies permeáveis para permitir a absorção da água das chuvas e faça projetos de paisagismo criativos com reservatórios de água pluvial que sirvam de fonte de coleta.

Vincula-se às regras 1, 20, 38, 39, 45, 58, 66, 80, 99

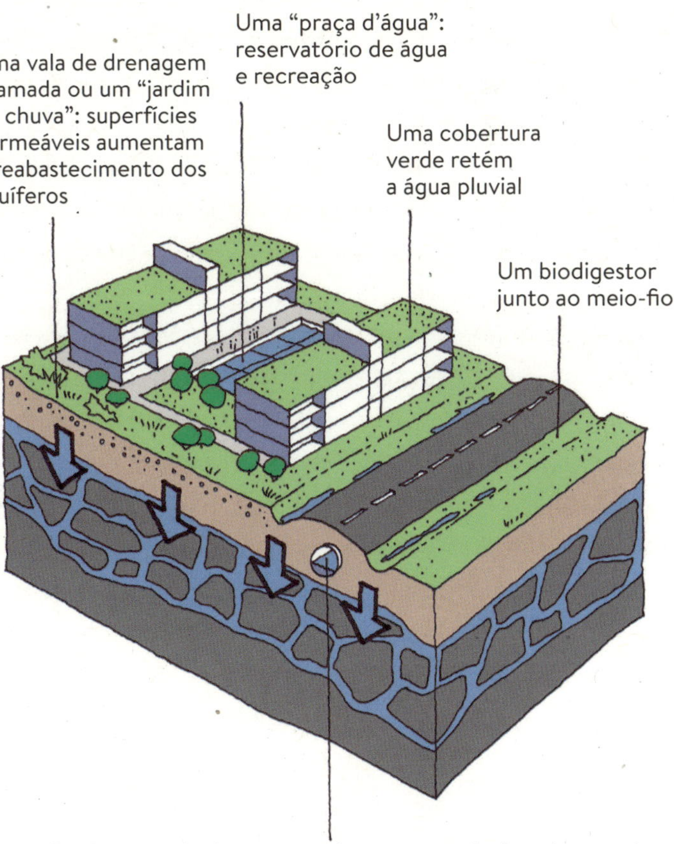

Os sistemas de drenagem urbana sustentáveis reduzem o risco de escoamento superficial da água da chuva.

41 USE TERRENOS POLUÍDOS QUE FORAM RECUPERADOS, E NÃO TERRENOS QUE AINDA NÃO TENHAM SIDO URBANIZADOS

Uma área virgem é aquela que ainda não foi ocupada por edificações, e um terreno recuperado é aquele que outrora esteve poluído se tornou inadequado para o uso. Os terrenos poluídos às vezes são biodiversos, então é preciso que sejamos cuidadosos em nossas tomadas de decisão. O uso de uma área ainda não urbanizada quase sempre implicará o aumento da necessidade de transporte e das emissões de CO_2, contribuirá para a dispersão urbana, prejudicará a biodiversidade e reduzirá a população dos centros das cidades. Os terrenos poluídos que forem recuperados podem formar a base de novas comunidades urbanas dentro de cidades já estabelecidas. Além disso, se não forem construídos, mas estiverem limpos e despoluídos, eles poderão ser utilizados para a agricultura urbana.

Vincula-se às regras 1, 45, 46, 76, 80, 82, 97

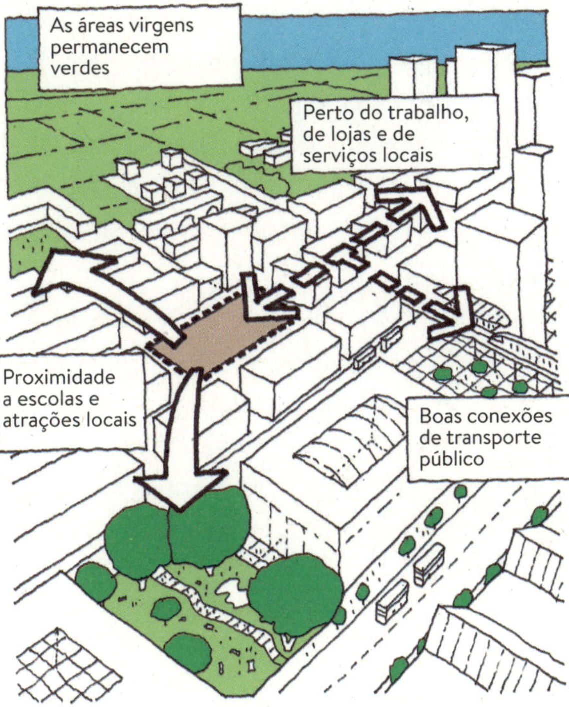
As áreas virgens permanecem verdes
Perto do trabalho, de lojas e de serviços locais
Proximidade a escolas e atrações locais
Boas conexões de transporte público

42 DEIXE DE GERAR RESÍDUOS DE CONSTRUÇÃO

Um terço de todos os resíduos enviados a aterros sanitários no Reino Unido provém de canteiros de obra (construção e demolição), e isso inclui material de escavação, materiais entregues e não utilizados e resíduos dos processos de construção em geral. Os resíduos contribuem para a poluição do ar, da terra e da água; eles devem ser banidos por meio de boas práticas de projeto, normatização e construção.

Vincula-se às regras 1, 5, 6, 23, 43, 44, 45, 47, 86, 92, 99

PROJETO E ESPECIFICAÇÕES
- Tamanhos padronizados
- Materiais reciclados e reutilizados
- Projeto para a desmontagem

FABRICAÇÃO E DISTRIBUIÇÃO
- Fabricação modular ou fora do canteiro de obras
- Pedidos de materiais restritos ao necessário
- Redução do uso de embalagens

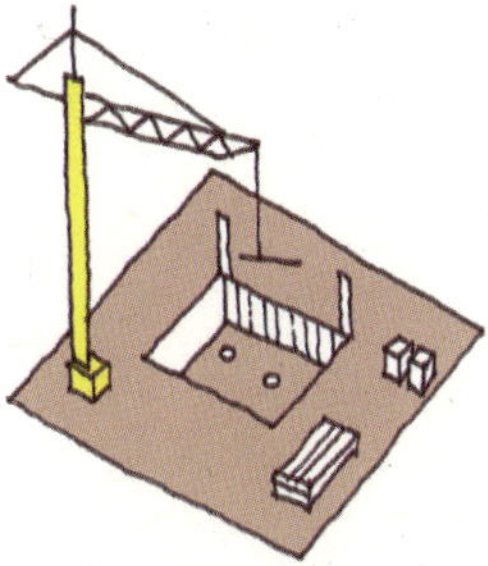

FUNCIONAMENTO DO LOCAL
- Cuidado no manuseio e armazenamento
- Devolução das embalagens aos fornecedores
- Reciclagem no local

43 PENSE “DE TRÁS PARA A FRENTE”

Faça projetos tendo em vista o futuro distante, perguntando a si mesmo ainda no início:

- O que vai acontecer, no final da vida útil da edificação, com todos os materiais e componentes especificados por você?
- De que maneira eles poderiam integrar um novo projeto sustentável?

Faça projetos levando em conta desde o início a desconstrução e o reúso de cada componente.

Vincula-se às regras 1, 42, 45, 93

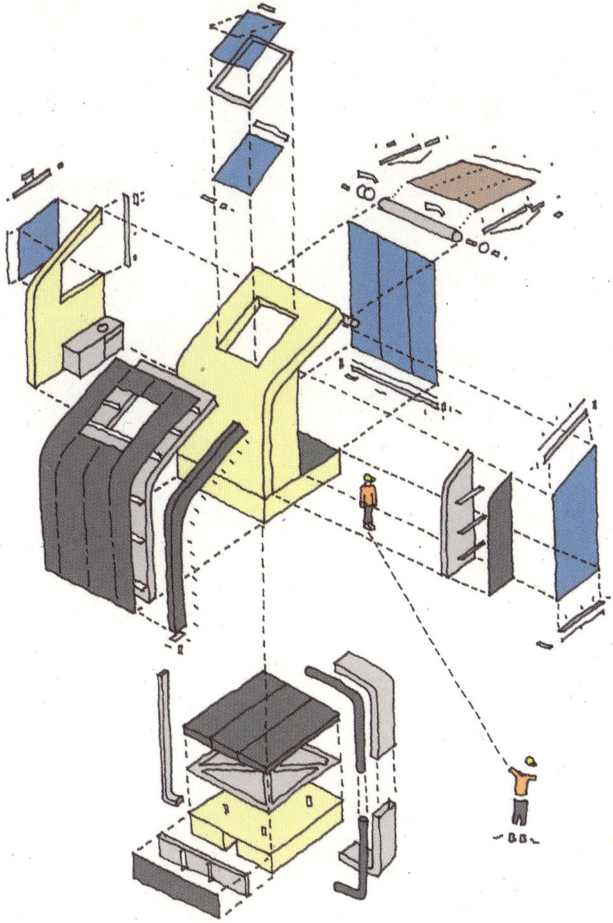

44 A RECICLAGEM É O ÚLTIMO RECURSO – LEMBRE-SE DOS QUATRO “Rs”

Reduzir, reutilizar, recuperar e reciclar – nessa ordem. Esse é o mantra para minimizar o impacto ambiental dos materiais e do consumo de água e energia em construção e arquitetura sustentáveis. Reciclagem é apenas um dos quatro “Rs”. Com frequência, ela é um mero resultado do consumo excessivo ou da falta de consideração com o ciclo de vida dos recursos. É necessária uma demanda maior de energia para decompor materiais descartados e, por isso, ela deve ser a última opção, considerada à luz dos outros “Rs”.

Vincula-se às regras 1, 33, 42, 45

1. **R**eduzir

2. **R**eutilizar

3. **R**ecuperar

4. **R**eciclar

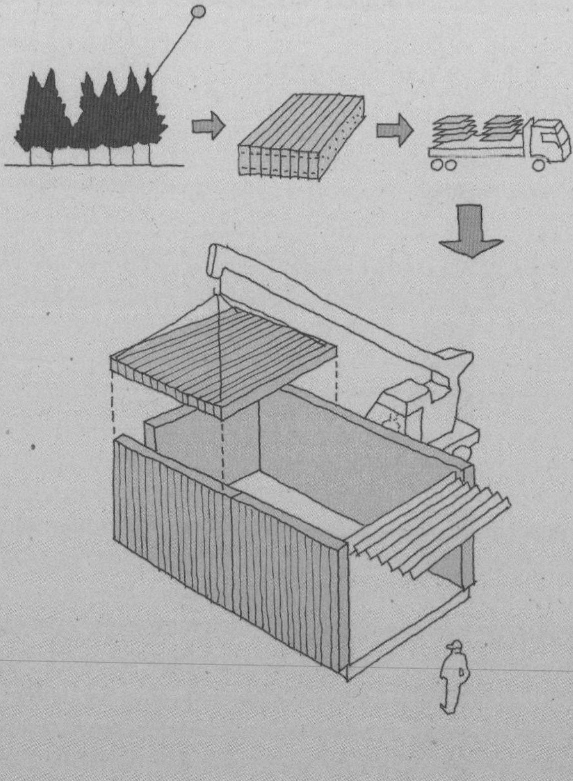

CAPÍTULO 3

TRABALHANDO EM HARMONIA COM O MUNDO NATURAL

Ecologia e biodiversidade

A responsividade climática

45 "TUDO ESTÁ CONECTADO A TUDO"

O ecologista Barry Commoner nos deu esta regra. Os ecossistemas terrestres – comunidades de organismos vivos (flora e fauna) e seus ambientes inorgânicos (ar, água, terra) – fornecem tudo o que é necessário para a vida no planeta, desde ar e água limpa até alimentos, combustíveis, medicamentos, materiais de construção, sumidouros de carbono e polinizadores. A ecosfera é a estrutura autossuficiente de ecossistemas e é descrita como sendo composta de quatro domínios ou "esferas" fundamentais: atmosfera, biosfera, hidrosfera e geosfera. Precisamos readquirir uma compreensão adequada da dimensão dessa interconectividade, da qual a vida depende.

Vincula-se a todas as outras regras

As quatro esferas da ecosfera: o que afeta uma, afeta todas

46 A BIODIVERSIDADE DEPENDE DE *HABITATS* INTERLIGADOS

Quanto maior for a diversidade das espécies, maior será a produtividade dos ecossistemas dos quais dependemos. A vegetação é a chave; *habitats* variados dão suporte a uma variedade maior de formas de vida, enquanto a perda de biodiversidade afeta significativamente a estabilidade dos ecossistemas. Os arquitetos do ambiente construído deveriam estimular ativamente a biodiversidade, garantindo as condições necessárias para que diferentes espécies se desenvolvam em nossas cidades e se conectem com os ambientes ao seu redor. Esses *habitats* interconectados também propiciam oportunidades para que a população humana residente em áreas urbanas desfrute de uma sensação de pertencimento ao local proporcionada pela diversidade.

Vincula-se às regras 1, 41, 45, 50, 77, 80, 96-101

As características naturais preexistentes ajudam a criar um espaço verde coerente

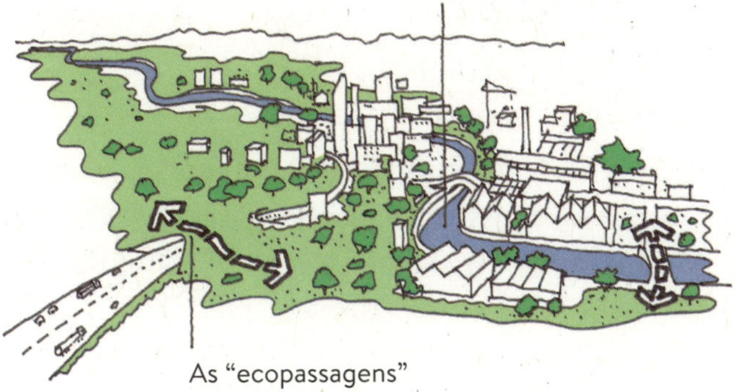

As "ecopassagens" permitem que os *habitats* se interliguem

A cidade e o campo interligados

47 NÃO HÁ RESÍDUOS NA NATUREZA

Um ecossistema sustentável recicla a matéria descartada e reabastece os recursos: o resíduo de uma espécie é o alimento de outra. No mundo natural, em última análise, não existe lixo. Todas as nossas atividades no ambiente construído – tomadas de decisão, planejamento do local, projeto, abastecimento, construção, funcionamento e demolição/reúso – deveriam garantir e dar suporte aos ecossistemas dos quais dependemos.
Nas indústrias associadas à construção, os resíduos de uma deveriam ser vistos como os recursos de outra. Deveríamos ser capazes de imitar o diagrama de um ecossistema sustentável.

Vincula-se às regras 1, 42, 45, 52, 91, 92, 99

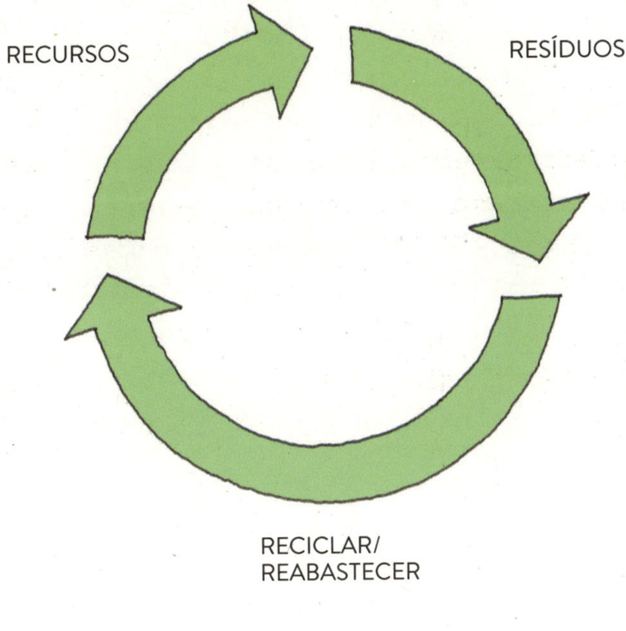
RECURSOS
RESÍDUOS
RECICLAR/
REABASTECER

48 OS ECOSSITEMAS REGULAM O CLIMA DO MUNDO

A regulação climática é um serviço crucial dos ecossistemas globais: o CO_2 controla a temperatura da Terra e os ecossistemas terrestres funcionam como sumidouros de carbono ("drenos"), sequestrando os gases de efeito estufa. Se modificamos as superfícies terrestres, convertendo terras agrícolas em áreas urbanas, ou turfas em terras agrícolas, liberamos gases de efeito estufa, incluindo metano e CO_2, o que resulta em um aumento tanto da temperatura quanto da quantidade de chuvas. Devemos respeitar os ecossistemas que regulam o clima.

Vincula-se às regras 1, 45, 55

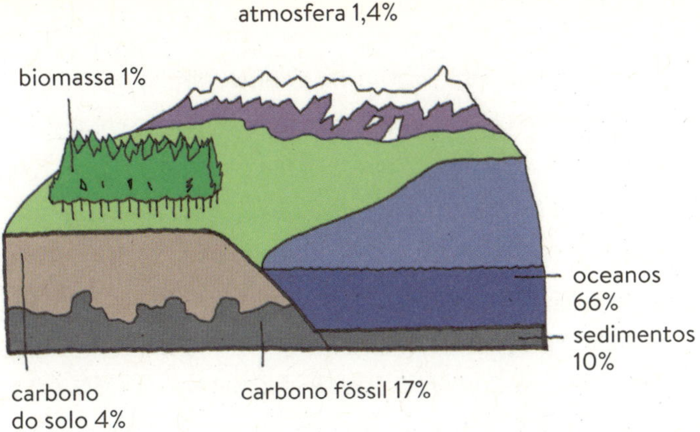

a) fontes naturais de carbono

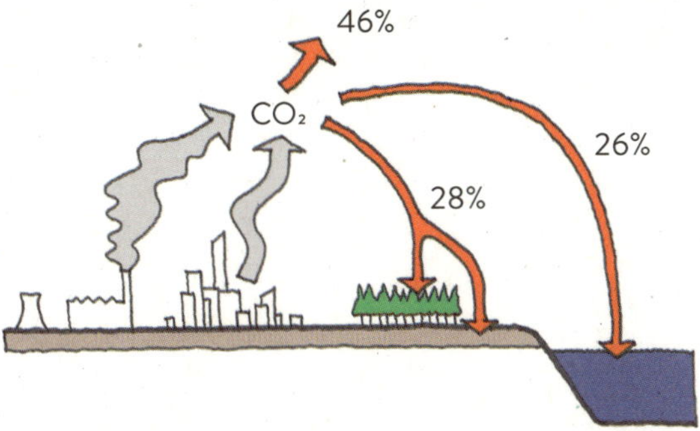

b) para onde vai o CO_2 antropogênico

49 FAÇA EDIFICAÇÕES NEUTRAS PARA O CLIMA – MAXIMIZE O SEQUESTRO DE CARBONO

As edificações construídas com materiais que armazenam carbono podem ser neutras para o clima; elas não contribuem para o aumento do CO_2 atmosférico, que é uma das causas das mudanças climáticas. A madeira armazena carbono (produzido durante a fotossíntese) mesmo depois da derrubada de uma árvore, e uma casa construída com muitos elementos de madeira pode armazenar quatro vezes mais carbono do que uma casa mais convencional. Além da madeira, as inovações em materiais minerais e materiais provenientes de resíduos que, quando combinados com o CO_2 criam blocos de construção inertes, apontam o caminho a se seguir.

Vincula-se às regras 1, 45, 52, 55

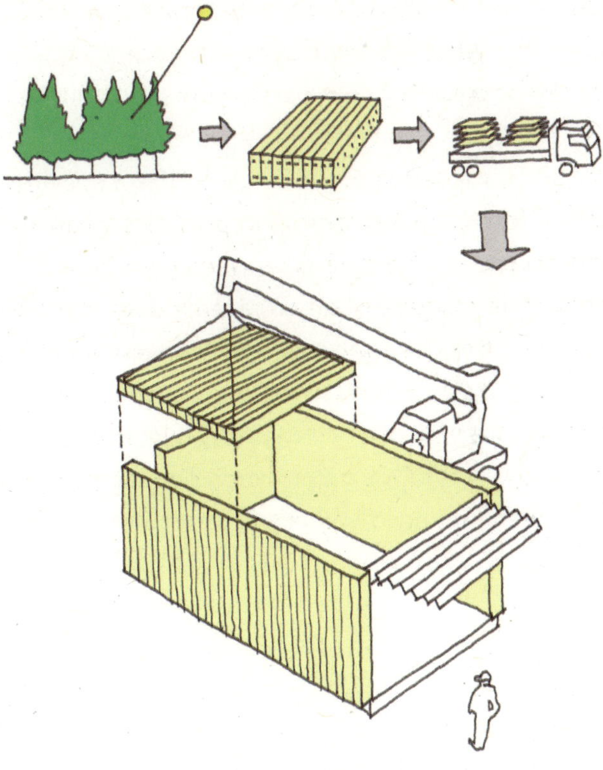

50 NEM TODOS OS NINHOS DE PASSARINHO ESTÃO EM ÁRVORES

Algumas espécies se adaptaram, com o passar das gerações, à vida com os seres humanos e se tornam dependentes de nossas edificações. Nossas edificações, contudo, estão se tornando inimigas de poleiros e ninhos: suas vedações externas herméticas impedem as oportunidades tradicionais. Muitas espécies de morcegos (mamíferos que são particularmente importantes para os ecossistemas), corujas e outras espécies que produzem ninhos, bem como minhocas, pequenos lagartos e insetos podem ser encorajados a prosperar por meio de um bom projeto em vez de serem banidos por uma intervenção antipática a eles ou perturbados pelo comportamento humano. O espaço para tanto pode ser encontrado em coberturas, paredes ou detalhes modificados das vedações externas de uma edificação. Ou ainda, projete uma estrutura independente, tal como uma casa de morcegos ou um abrigo para corujas.

Vincula-se às regras 1, 45, 46, 90

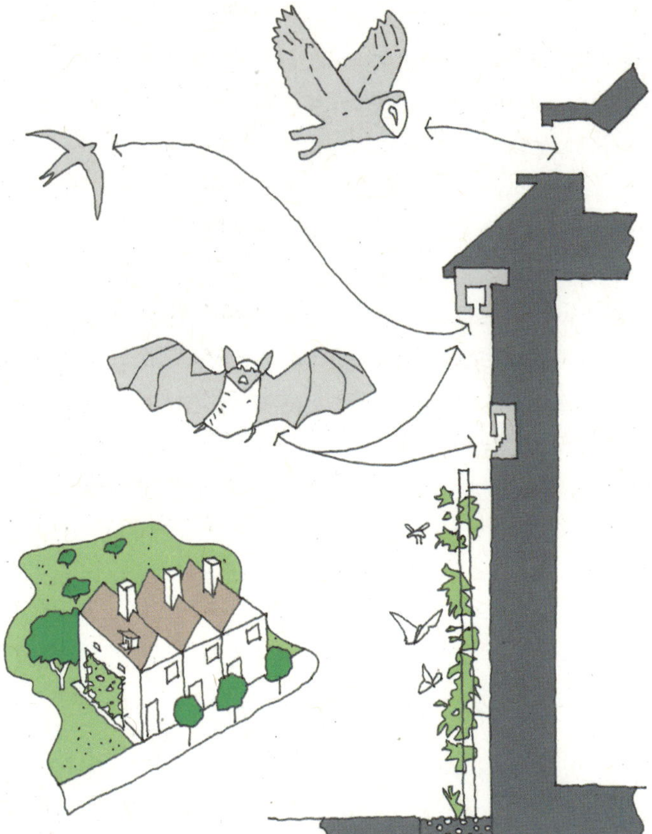

51 PRÉDIOS COMPACTOS LIBERAM ESPAÇO PARA A NATUREZA

Há muitos benefícios óbvios em um empreendimento bem projetado, compacto: eficiência no transporte e na infraestrutura, redução do consumo energético e do desperdício de terreno. Uma área menor de ocupação do terreno também garante mais áreas não construídas, permitindo que a natureza floresça, aumentando as oportunidades para a biodiversidade e uma maior absorção de CO_2 por árvores maiores. A regra básica é procurar garantir que 50% do espaço sejam preservados como área aberta. Lembre-se de que um bom projeto permanece sendo o objetivo: a sustentabilidade não é um resultado garantido de um projeto compacto.

Vincula-se às regras 1, 18, 45, 65, 80, 81, 97

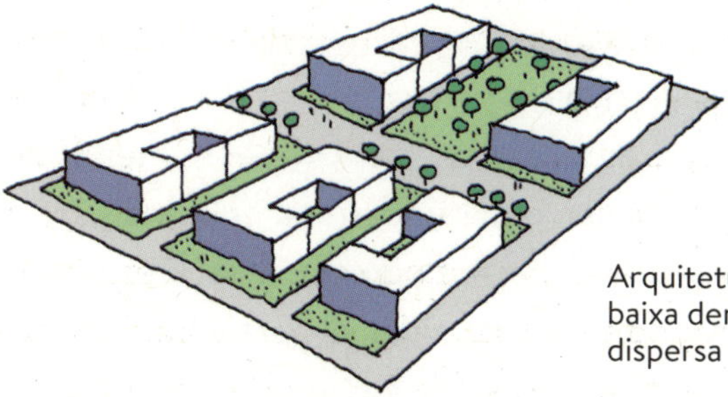

Arquitetura de
baixa densidade,
dispersa

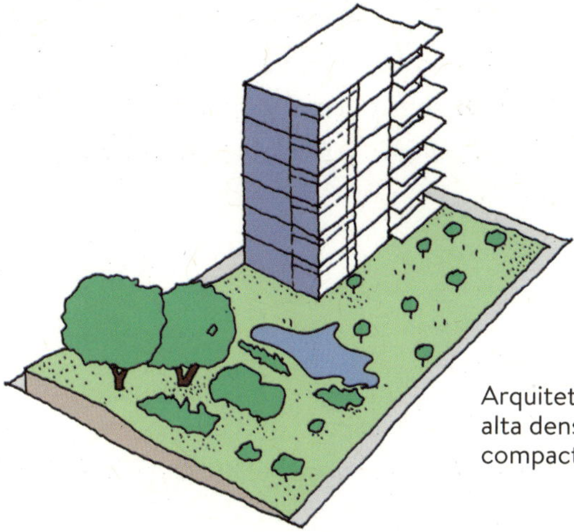

Arquitetura de
alta densidade,
compacta

52 A NATUREZA OFERECE LIÇÕES PARA OS ARQUITETOS – SEJA BIOMIMÉTICO

Na biomimética, procuramos inspirações para os projetos com base nos processos, estruturas e formas da natureza. A flora e a fauna utilizam moderadamente os recursos disponíveis, são sensíveis às condições locais e adaptáveis e resilientes ao clima e ao ambiente. A natureza exibe estruturas e formas extremamente resistentes e processos que produzem energia, absorvem carbono, não geram resíduos e conservam água.

Vincula-se às regras 1, 45, 47, 49, 93

Fotossíntese: uma pele que produz energia?

Conchas: produzidas com CO_2, mais resistentes do que a cerâmica

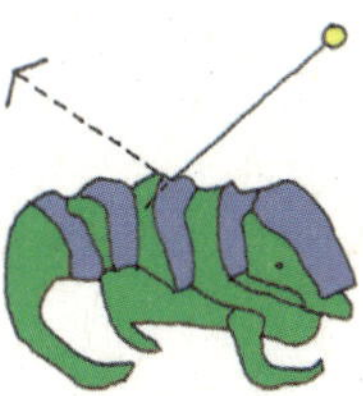

Um lagarto: modifica a cor da pele para a regular a temperatura

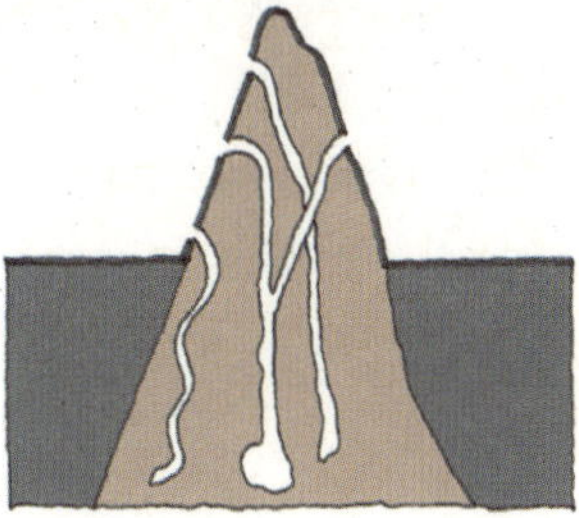

Um cupinzeiro: ar-condicionado natural

53 CONHEÇA SUA ZONA CLIMÁTICA

O filósofo grego Parmênides defendeu a existência de cinco zonas climáticas distintas. Embora atualmente sejamos capazes de identificar cerca de trinta zonas, os arquitetos do ambiente construído estão preocupados especialmente com os climas quente e seco, quente e úmido, frio, temperado e verões quentes/invernos frios. Os gregos antigos sabiam que as edificações e cidades deveriam estar em harmonia com a região climática se tivessem o intuito de garantir o conforto humano de modo sustentável. Conhecer as características do clima de sua região continua sendo fundamental.

Vincula-se às regras 1, 29, 30, 37, 45, 54, 59, 67, 70, 96

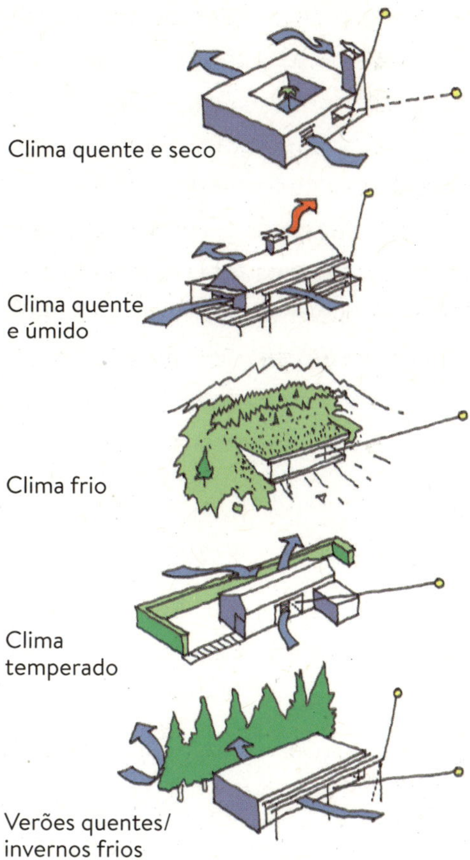
Clima quente e seco
Clima quente
e úmido
Clima frio
Clima
temperado
Verões quentes/
invernos frios

54 PARA PROJETAR O FUTURO, OLHE PARA O PASSADO

Os povos autóctones se adaptaram às suas regiões geográficas e climáticas com edificações de soluções populares e duradouras. Com frequência, por meio de recursos prontamente disponíveis e de técnicas de construção simples, essas culturas conseguem que suas acomodações utilizem poucos recursos, consumam pouca energia, sejam adaptadas ao clima e demonstrem relevância cultural – todos aspectos característicos de desenvolvimento sustentável. Ainda podemos aprender com elas.

Vincula-se às regras 1, 2, 45, 53, 69, 70, 76, 86

- Lições culturais
- Lições de construção
- Lições climáticas

55 NOSSA ATMOSFERA É FINA COMO UM PAPEL

Se o planeta Terra fosse do tamanho de uma bola de futebol, a atmosfera ao seu redor seria da espessura de uma folha de papel. Dentro da atmosfera está a camada de ozônio, nosso escudo contra a perigosa radiação ultravioleta, que é prontamente danificada pela emissão de clorofluorcarbonetos (CFCs), tais como os presentes nos refrigeradores dos aparelhos de ar-condicionado, em alguns produtos de isolamento e nos solventes e aerossóis empregados na construção. A maior parte do CO_2 liberado pelos seres humanos (antropogênico) permanece na atmosfera, contribuindo para o aquecimento global. Nossas cidades são responsáveis por 70% das emissões de CO_2. As edificações e cidades podem ser benignas à atmosfera se forem neutras em carbono e livres de CFCs.

Vincula-se às regras 1, 14, 17, 45, 48, 49, 80

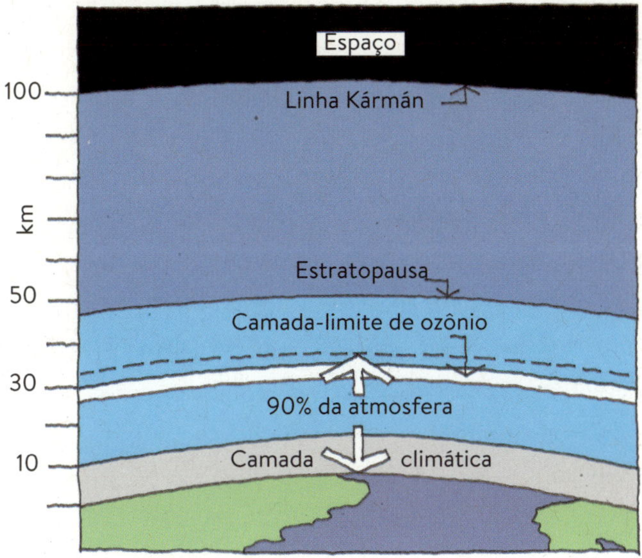
Espaço
100
Linha Kármán
km
Estratopausa
50
Camada-limite de ozônio
30
90% da atmosfera
10
Camada climática

100 km

56 CLIMATOLOGIA URBANA – POR QUE A CIDADE E O CAMPO SÃO DIFERENTES

Nas cidades, a maior parte da radiação solar absorvida pelas edificações e superfícies se transforma em energia térmica, e esse calor continua sendo irradiado tanto de dia quanto à noite. Nas áreas rurais, ao contrário, boa parte dessa radiação é absorvida pelas plantas e pela terra úmida, e esse processo de evapotranspiração não gera calor significativo. Esse é um dos motivos pelos quais as cidades, de modo geral, são mais quentes do que os ambientes rurais em seu entorno, particularmente à noite.

Vincula-se às regras 1, 45, 57, 80

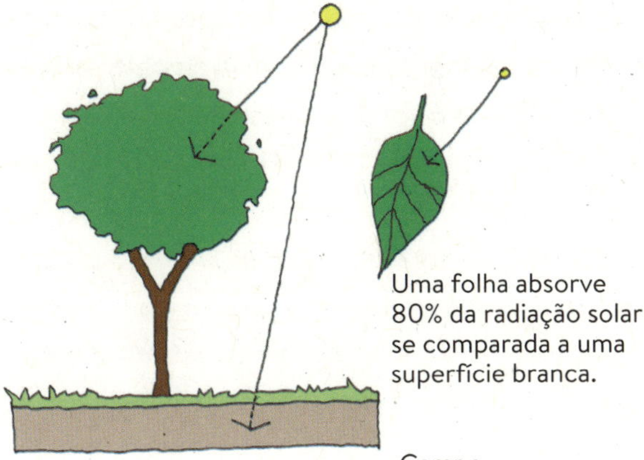

Campo

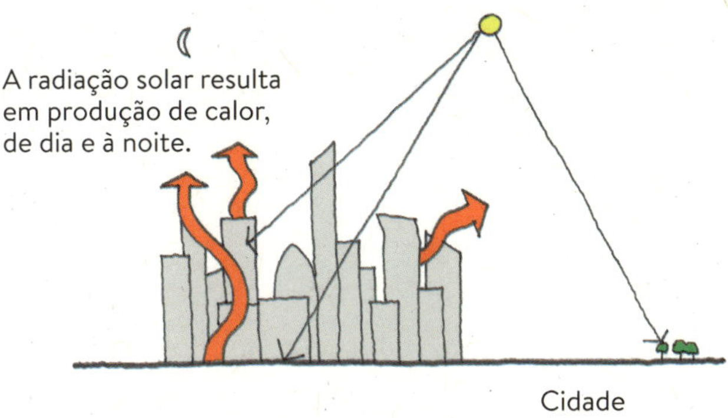

Cidade

57 CUIDADO COM A CÚPULA DE AR QUENTE URBANA

Uma cidade possui seu próprio clima, visível à distância e conhecido como a cúpula de ar quente urbana. Essa camada aquecida da atmosfera possui de três a seis vezes a altura média da cidade, e se estende conforme a direção do vento. A radiação solar somada ao calor antropogênico eleva a temperatura dessa cúpula, de modo que a temperatura na cidade pode ser entre 5 a 10°C mais alta do que as áreas rurais em seu entorno à noite – esse efeito faz parte da "ilha de calor urbana".

Vincula-se às regras 1, 45, 56, 58, 66

Cúpula de ar
quente urbana
Direção
do vento
3-5H
Altura média das
edificações: H

58 COMBATA O EFEITO DA ILHA DE CALOR URBANA

As edificações liberam seu ganho térmico interno e o sol aquece a cidade, que está envolta em uma bolha de ar quente: este é o efeito da ilha de calor urbana. Isso significa que as temperaturas na cidade são mais altas do que as temperaturas no campo e que as cidades apresentam mais nebulosidade e precipitação do que as zonas rurais. Com frequência, a falta de ventilação entre as edificações urbanas impede o resfriamento e retém a poluição. Atenue o efeito da ilha de calor urbana fazendo o isolamento das edificações e utilizando cores claras (efeito de "refletância solar", ou albedo). Na escala urbana, permita a circulação de brisas e disponibilize superfícies permeáveis e verdes para possibilitar um maior resfriamento por evaporação natural.

Vincula-se às regras 1, 17, 40, 45, 57, 59, 66, 80, 96

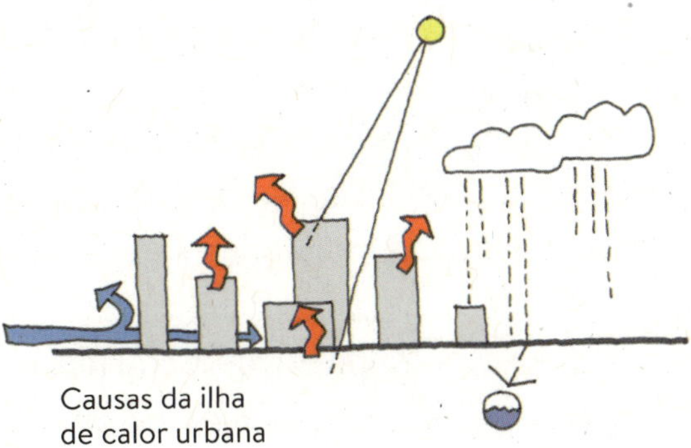

Causas da ilha
de calor urbana

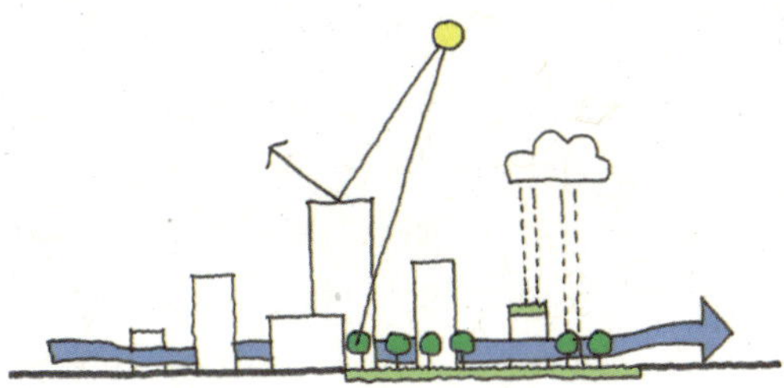

Soluções

59 USE INDICADORES CLIMÁTICOS PARA O PLANEJAMENTO URBANO

O estudo do clima de uma determinada região oferece muitas pistas a respeito de como posicionar cidades grandes ou pequenas. Um corpo de água significativo, tal como um mar ou grande lago, possui influência moderadora sobre o solo; até uma distância de cerca de vinte quilômetros da costa, a amplitude térmica diária e anual é menor do que nas áreas distantes do litoral. A topografia também desempenha um papel de extrema importância: geralmente, a zona de pressão negativa das colinas (a sota-vento) apresenta menos chuva e o ar resfria com o aumento da altitude. Para comunidades em regiões quentes, planeje de modo a obter o máximo de exposição ao vento e, em regiões frias, empregue medidas efetivas para obter proteção do vento. Edificações em regiões quentes e secas podem necessitar de proteção contra tempestades de vento, e lembre-se de que esses locais podem apresentar noites e invernos frios.

Vincula-se às regras 1, 17, 45, 53, 58, 96

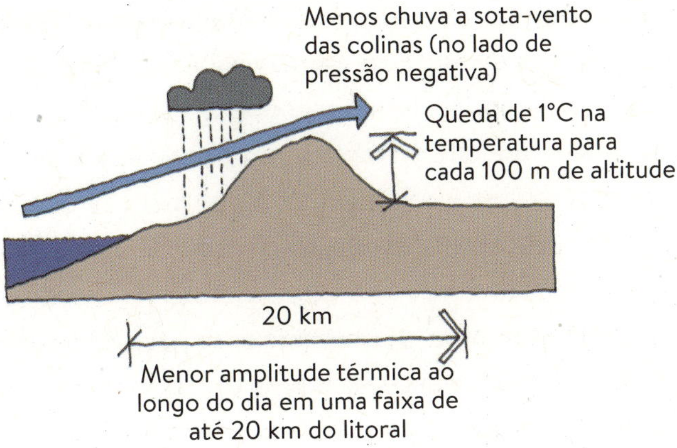

Clima quente

Clima frio

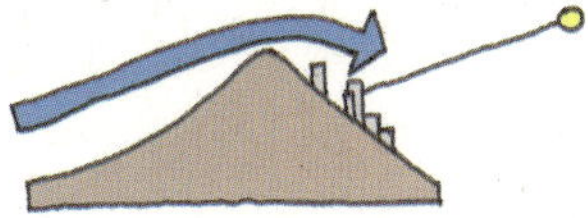

Clima quente e seco

60 DISPONIBILIZE ESPAÇO PARA SOL E ENERGIA

A distância necessária entre edificações para permitir a insolação – permitir que o sol alcance a fachada principal para aquecimento e produção de energia, sem bloquear o acesso dos vizinhos – depende da latitude. O espaçamento aumenta conforme aumenta a distância da Linha do Equador. Se uma edificação ou obstrução estiver dentro do arco de 90° mostrado, utilize cortes angulares conforme indicado nos diagramas como um ponto de partida para o planejamento da insolação. Em latitudes de cerca de 50°, pode-se usar um espaçamento entre as edificações de 1,5 a 2,5 vezes a altura, conforme demonstrado. Em altitudes médias e altas, o afastamento necessário pode se tornar grande demais, possibilitando a passagem de ventos frios indesejados e comprometendo a escala urbana; nesses casos, observe as regras 61 e 63.

Vincula-se às regras 1, 30, 45, 61, 63, 74

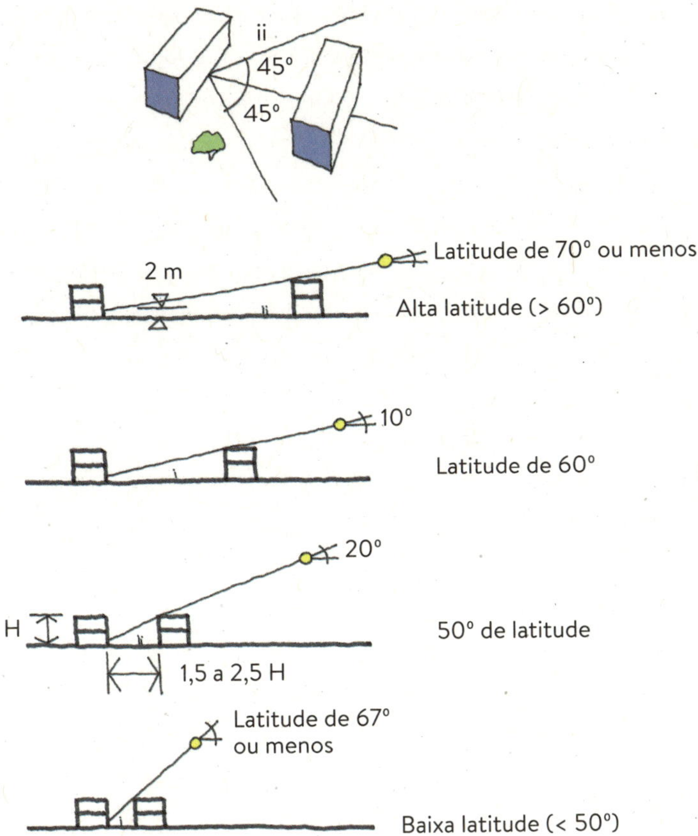
ii
45°
45°
2 m
Latitude de 70° ou menos
Alta latitude (> 60°)
10°
Latitude de 60°
20°
H
50° de latitude
1,5 a 2,5 H
Latitude de 67° ou menos
Baixa latitude (< 50°)

61 REGRA PARA CASO A REGRA 60 NÃO FUNCIONE: USE ANTEPAROS URBANOS

Com base em uma rigorosa medição da elevação solar, pode ser difícil de se conseguir o distanciamento necessário entre as edificações em latitudes altas e médias. Análises a respeito do desenho urbano, tais como a escala humana e funcional das ruas, praças e pátios internos, não devem ser desnecessariamente comprometidas. Anteparos ou barreiras urbanas são a resposta: eles são utilizados para melhorar a insolação, a ventilação e a iluminação natural, particularmente nos casos de projetos urbanos compactos ou de alta densidade. Entre os benefícios adicionais, existe a possibilidade de inclusão de terraços e telhados verdes acessíveis.

Vincula-se às regras 1, 45, 60, 63

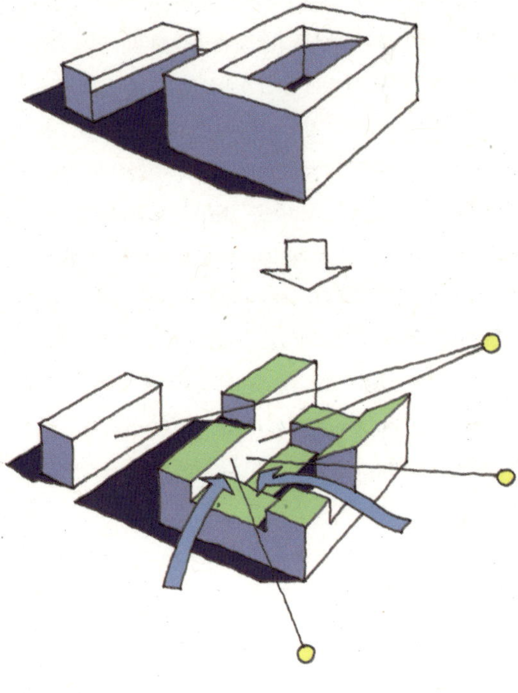

62 AS VEDAÇÕES EXTERNAS SÃO MODIFICADORES CLIMÁTICOS

O propósito das vedações externas de uma edificação (paredes, lajes de pisos sobre o terreno e cobertura) – também conhecidas como o fechamento ou pele da edificação – é modificar as condições climáticas de seu exterior para criar condições confortáveis em seu interior, com pouca ou nenhuma necessidade de consumo de energia. As principais ferramentas que o arquiteto pode empregar na modificação de um clima específico são:

- A construção das vedações externas – para proteção do vento e da chuva, isolamento térmico, constituição de uma massa termoacumuladora e refletância
- Aberturas – para iluminação natural, ganho solar e ventilação
- Elementos integrados – para proteção contra o sol, poeira e areia

Vincula-se às regras 1, 25, 45, 63, 66, 74, 88

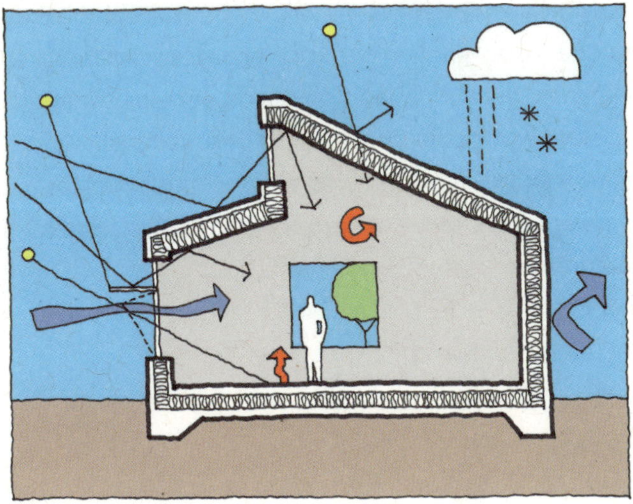

63 A RESPOSTA ESTÁ NO CORTE

O corte é uma ferramenta essencial para o projeto ambiental e sustentável. É claro que outros tipos de desenho são essenciais também – mas é o corte, do terreno ou da edificação, que revela a resposta ao sol, à luz, à ventilação, à sombra ou ao abrigo e que melhor explica as interações humanas com a natureza e o ambiente.

Vincula-se às regras 1, 45, 60-62

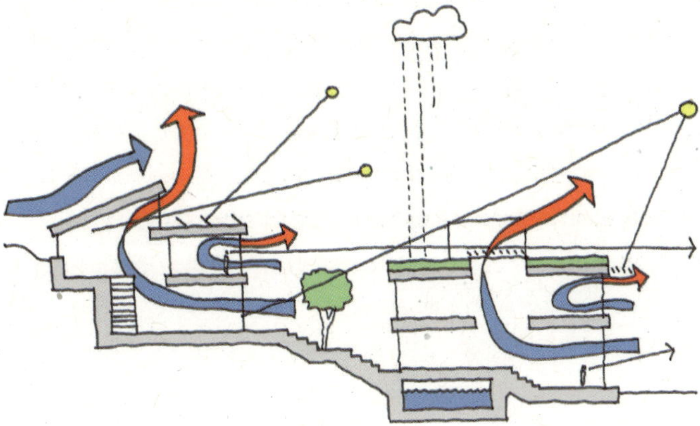

64 A RESPOSTA ESTÁ NO VENTO

As edificações modificam o microclima de muitas formas. O vento pode ser um incômodo em especial – ou mesmo um perigo. Uma edificação não será bem-sucedida se as pessoas deixarem de visitá-la devido a efeitos adversos do vento. Evite a criação de corredores/chaminés de vento e lembre-se de que a velocidade do vento aumenta nas quinas do edifício (o chamado "efeito de esquina"). Passagens, aberturas de portas, pórticos, marquises e balanços também tendem a aumentar a velocidade do vento. Ainda que tais efeitos possam ser úteis para obter um resfriamento em regiões quentes e úmidas, eles são bastante indesejáveis em outras regiões climáticas e em qualquer lugar em que tempestades ou ventos fortes sejam comuns.

Vincula-se às regras 1, 29, 45, 65

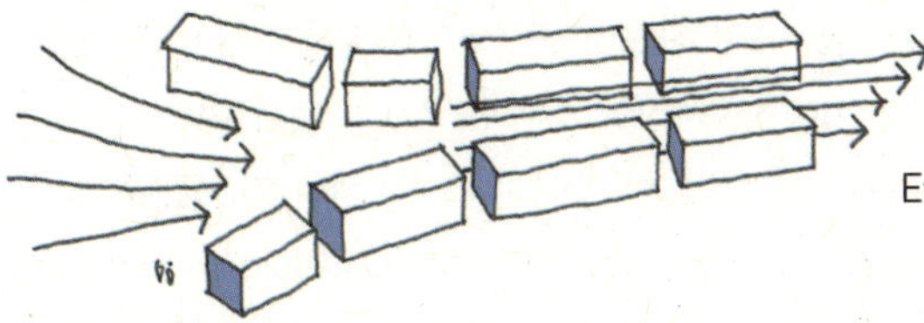
Efeito corredor
Efeito funil

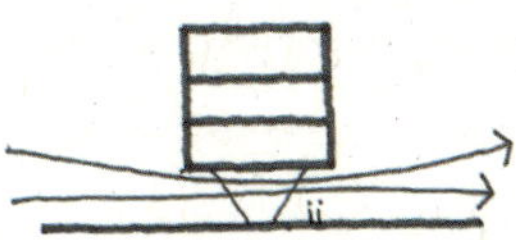
Aumento da velocidade
do vento sob edifícios
elevados

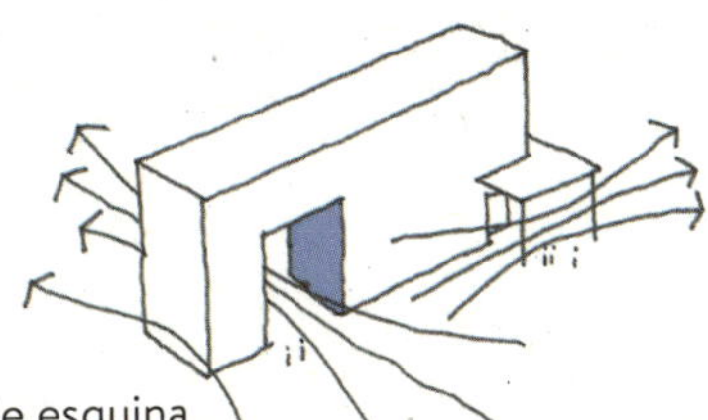
Pórticos, marquises,
aberturas
Efeito de esquina
Passagens

65 EDIFÍCIOS-TORRE: ELIMINE CORRENTES E VÓRTICES DE AR DESCENDENTES, EFEITOS DE ESQUINA E EFEITOS DE ESTEIRA

O microclima ao redor de um edifício-torre é influenciado significativamente por vórtices de vento: redemoinhos de ar que se movem rapidamente. Edifícios-torre produzem fortes correntes de ar descendentes. Os chamados efeitos de esquina ocorrem quando a velocidade do vento aumenta perto das quinas dos edifícios, gerando turbulência no efeito de esteira destes. Todos esses efeitos podem causar desconforto, ou produzir efeitos ainda piores; por isso, equipes de projetistas devem incluir em seu trabalho inicial o uso de modelos, físicos ou virtuais, para testar e eliminar possíveis condições perigosas de vento. Nenhuma edificação pode ser sustentável se ela criar espaços urbanos inutilizáveis.

Vincula-se às regras 1, 45, 51, 64, 96

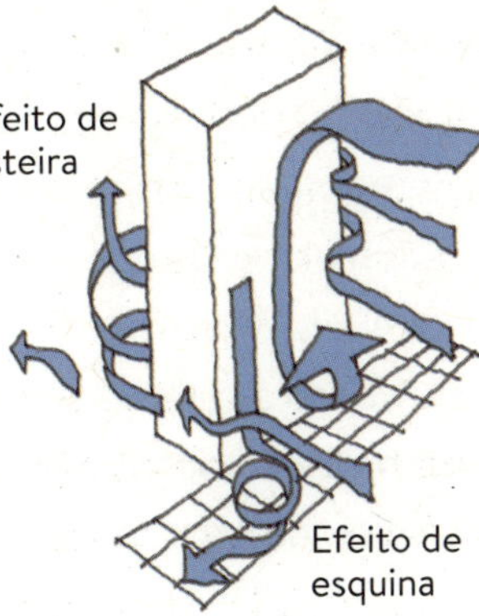
Efeito de
esteira
Vórtices e correntes
de ar descendentes
Efeito de
esquina

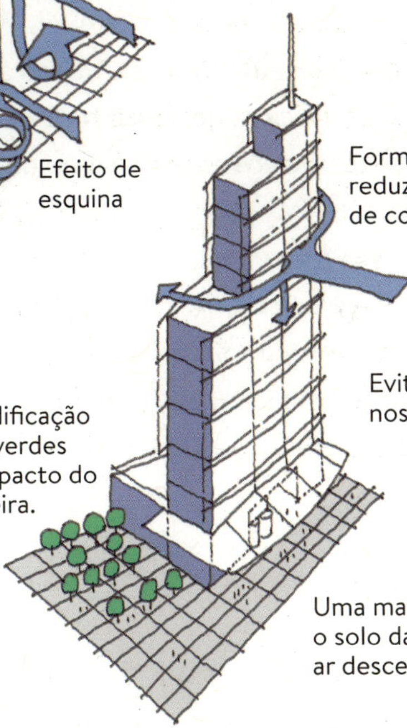
Formas aerodinâmicas
reduzem a formação
de correntes de ar
Evite entradas
nos cantos
A forma da edificação
e os espaços verdes
reduzem o impacto do
efeito de esteira.
Uma marquise protege
o solo das correntes de
ar descendentes

66 COBERTURA VERDE, AZUL OU BRANCA?

O calor gerado pelas edificações e emitido na atmosfera da cidade contribui para a produção do efeito de ilhas de calor urbanas. Uma cobertura verde reduz a perda térmica e retém água em climas frios e temperados. Uma cobertura “azul” (ou espelho d’água na cobertura) pode ser utilizada como fonte de calor ou frio, dependendo da região climática. Especialmente em regiões e estações em que o uso do ar-condicionado se tornou a resposta padrão para o desconforto térmico, uma cobertura “branca” (ou fria) reflete a radiação solar (efeito de refletância solar ou albedo) sem elevar a temperatura do ar urbano, mantendo as edificações e as cidades frescas e reduzindo o consumo urbano de energia e as emissões de carbono.

Vincula-se às regras 1, 40, 45, 57, 58, 62, 80

Cobertura verde

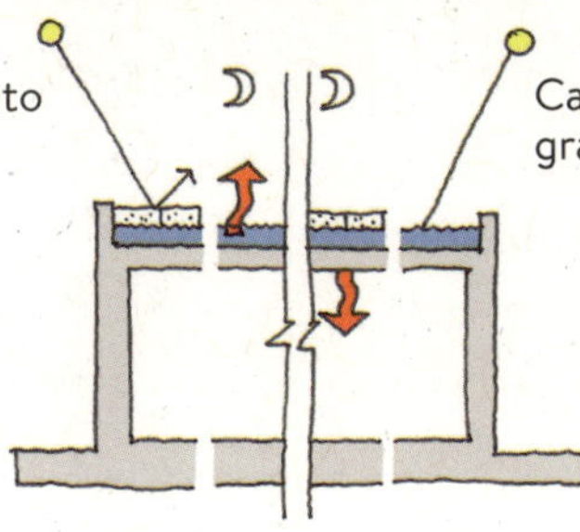

Cobertura "azul"

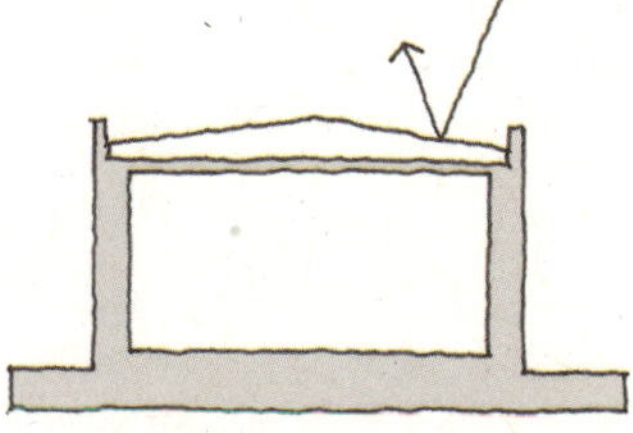

Cobertura "branca"

CAPÍTULO 4

PROJETANDO PARA O BEM-ESTAR HUMANO

67 VOCÊ NÃO PODE AGRADAR A TODOS OS USUÁRIOS O TEMPO TODO

Tendo em vista que o conforto humano é um estado de espírito variável e pessoal relacionado aos sentidos humanos, até 20% dos usuários, por vezes, se sentirão desconfortáveis com o ambiente. Contudo, independentemente do tamanho, função ou localização geográfica da edificação, podemos oferecer condições ambientais interiores em que a maioria das pessoas não se sinta desconfortável. Os fatores que influenciam o conforto humano devem ser compreendidos se queremos que nossas edificações ofereçam níveis de conforto ambiental mais elevados, de dia e à noite, em todas as estações e regiões, ao mesmo tempo que utilizam menos recursos do planeta e menos energia.

Vincula-se às regras 1, 9, 16, 45, 53, 68, 75, 84

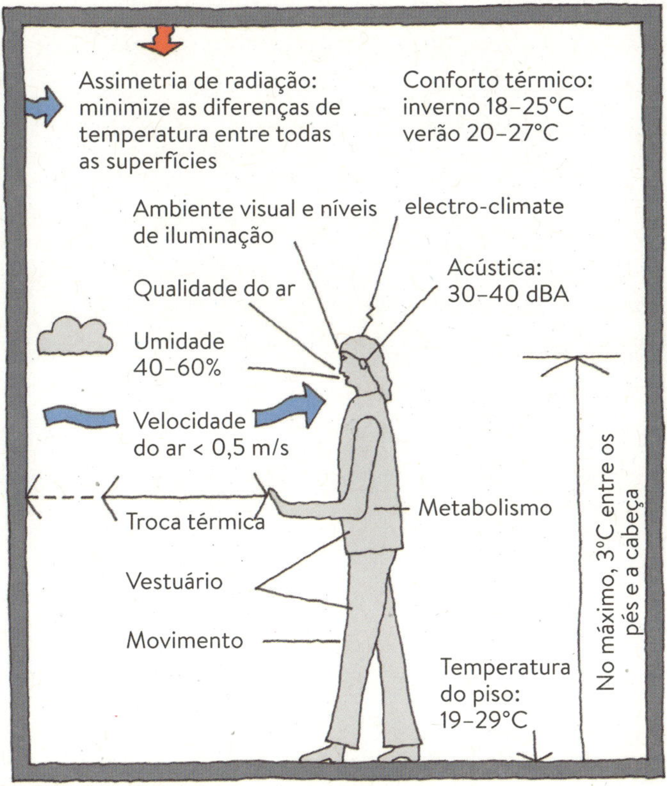
Assimetria de radiação: minimize as diferenças de temperatura entre todas as superfícies
Conforto térmico: inverno 18–25°C verão 20–27°C
Ambiente visual e níveis de iluminação
electro-climate
Acústica: 30–40 dBA
Qualidade do ar
Umidade 40–60%
Velocidade do ar < 0,5 m/s
Troca térmica
Metabolismo
Vestuário
Movimento
Temperatura do piso: 19–29°C
No máximo, 3°C entre os pés e a cabeça

68 O CONTROLE FEITO PELO USUÁRIO SIGNIFICA SATISFAÇÃO

As pessoas gostam de ser capazes de controlar os seus ambientes. Mesmo em edificações com sistemas de gerenciamento ambiental controlado por computador, projetados para os mais altos padrões de eficiência no consumo de energia, com superisolamento, bem vedados, com sistemas de recuperação de calor e controle solar automatizado incorporado devem oferecer a opção de controle pelo usuário. Caso contrário, os usuários irão considerá-lo malsucedido. Os controles devem responder rapidamente e diretamente às necessidades e comportamentos dos usuários, sem comprometer o desempenho ambiental geral, e precisam, ainda, ser de fácil manuseio.

Vincula-se às regras 1, 16, 45, 67, 75

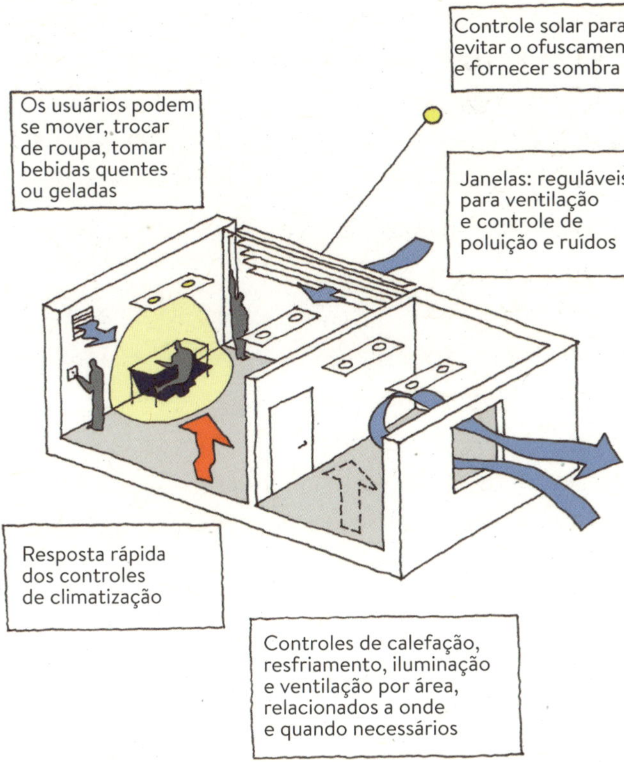
Controle solar para evitar o ofuscamento e fornecer sombra
Os usuários podem se mover, trocar de roupa, tomar bebidas quentes ou geladas
Janelas: reguláveis, para ventilação e controle de poluição e ruídos
Resposta rápida dos controles de climatização
Controles de calefação, resfriamento, iluminação e ventilação por área, relacionados a onde e quando necessários

69 SE NÃO PODE RECEBER MANUTENÇÃO, NÃO É SUSTENTÁVEL

Edificações com manutenção precária acarretarão problemas, desperdiçando recursos (materiais, energia, água) e danificando o ambiente. Um futuro de fácil manutenção deve ser concebido desde o início de um projeto e pode demandar inovações em sistemas de vedação externa. Compare diversas opções em relação aos custos iniciais *versus* operacionais dos componentes, serviços e materiais, lembrando que uma inovação em um projeto inclui riscos e recompensas. Defina um ciclo regular, seguro e ambientalmente consciente para a manutenção e limpeza interna e externa, com recursos, materiais, partes e empreiteiros obtidos em âmbito local, garantindo, ao mesmo tempo, que a edificação permaneça ocupada e em funcionamento ao longo desses períodos. Projete construções resistentes à umidade e à deterioração, apropriadas para sua região climática.

Vincula-se às regras 1, 2, 5, 12, 13, 37, 38, 45, 54, 72, 73

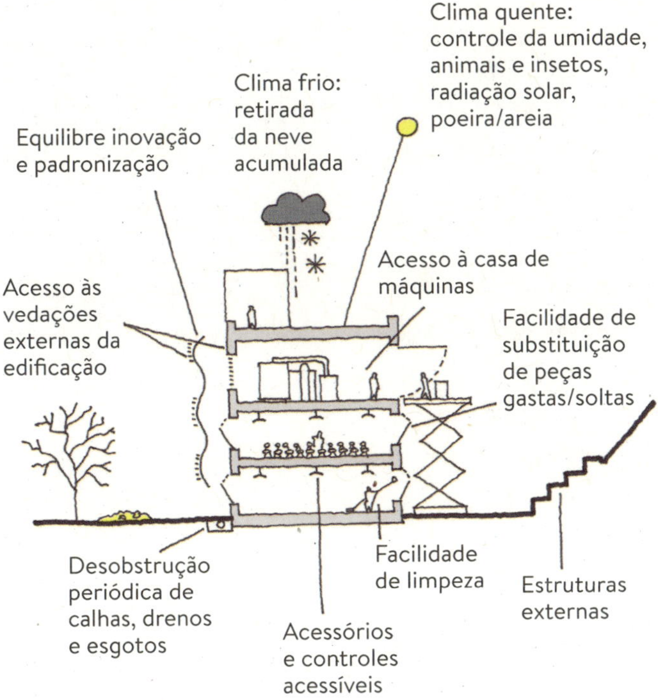
Clima quente:
controle da umidade,
animais e insetos,
radiação solar,
poeira/areia
Clima frio:
retirada
da neve
acumulada
Equilibre inovação
e padronização
Acesso à casa de
máquinas
Acesso às
vedações
externas da
edificação
Facilidade de
substituição
de peças
gastas/soltas
Facilidade
de limpeza
Estruturas
externas
Desobstrução
periódica de
calhas, drenos
e esgotos
Acessórios
e controles
acessíveis

70 REESTABELEÇA O CONTATO COM OS RITMOS DA NATUREZA

Nós perdemos contato com os ritmos naturais do mundo. O contato com a natureza nos proporciona uma sensação de pertencimento e bem-estar. Antes de termos o poder de criar ambientes internos amenos, uniformes, procurávamos o melhor lugar em nossas edificações para realizar nossas tarefas, nos movendo de acordo com a variação das condições do dia e das estações do ano. Garanta, por meio de um bom projeto, que sejam oferecidas oportunidades para conexão com a natureza e com a variedade de condições de sol, iluminação, ventilação, clima e som.

Vincula-se às regras 1, 45, 53, 54, 71, 74, 78, 96

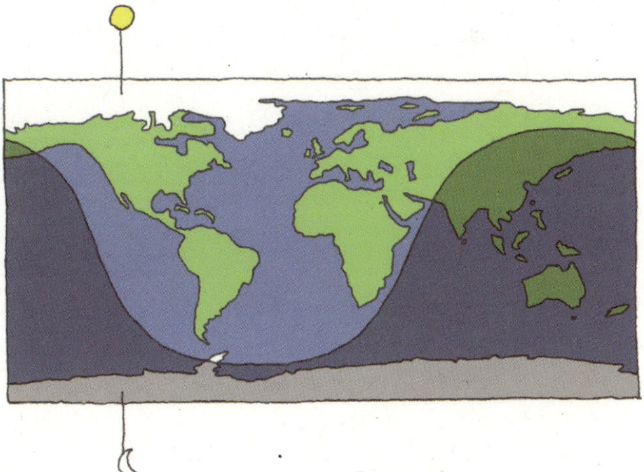

- Dia e noite
- Amanhecer e pôr do sol
- Clima e condições do tempo
- Luas e marés
- Ciclos e eventos diários, mensais, sazonais e anuais

71 DEIXE O VERDE SER VISTO

O verde é a cor mais fácil para a percepção visual dos seres humanos, devido à sua posição no espectro e à anatomia do olho humano. Por esse motivo, o verde é uma cor relaxante, tornando-se um antídoto essencial para nossas vidas atribuladas. Disponibilize espaços verdes com tratamento paisagístico, não importa o quão pequenos, para oferecer uma alternativa que sirva como um alívio do barulho e da poluição de nossas cidades frenéticas.

Vincula-se às regras 1, 45, 70, 80, 82, 96

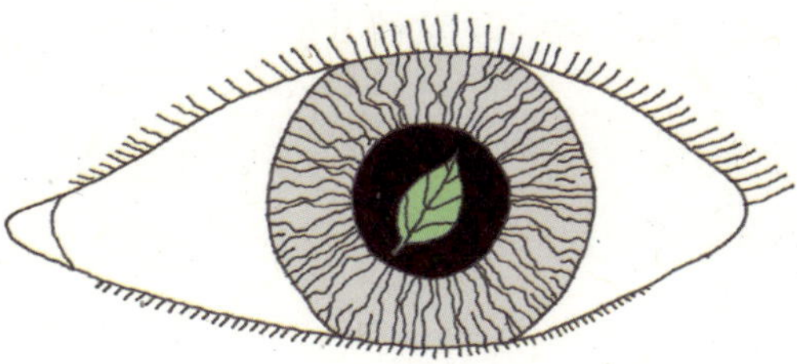

72 O INVESTIMENTO EM EDIFICAÇÕES SAUDÁVEIS COMPENSA

A folha de pagamento de funcionários de uma organização pode ser cem vezes maior do que a conta de energia elétrica ao longo do período de um ano. Desse modo, mesmo que tenha eficiência energética, um "edifício doente", desagradável e com condições insalubres de trabalho ocasiona uma queda na produtividade da equipe e, desse modo, seu funcionamento pode sair caro. Essas são características de uma edificação não sustentável. Levar em conta as condições ambientais internas e externas é essencial para criar edificações saudáveis e nas quais as pessoas sintam vontade de trabalhar.

Vincula-se às regras 1, 6, 37, 45, 69, 73, 74, 75

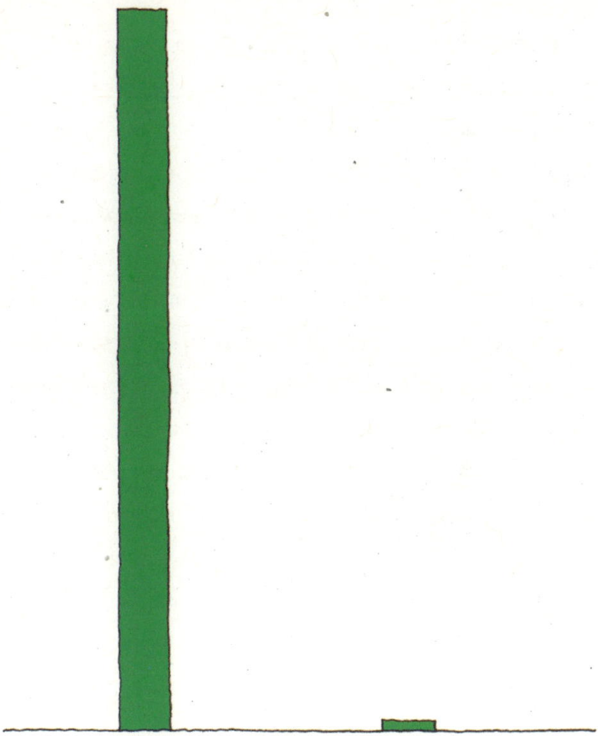

Custos anuais com folha de pagamento de funcionários

Custos anuais com consumo de energia

73 AUMENTE A QUALIDADE DO AR DE SEUS INTERIORES

O cheiro de um carro novo é resultado da emissão de gases tóxicos, e algo semelhante está acontecendo com nossas edificações. Uma qualidade precária do ar dos interiores contribui para a "síndrome da edificação doente". As causas são inúmeras, incluindo ventilação inadequada, infiltração de poluentes externos como micro-organismos e monóxido de carbono (CO), bem como emissão de gases de mobiliários e equipamentos. Compostos orgânicos voláteis (COVs) emitidos por pinturas, carpetes, isolamentos e fotocopiadoras são particularmente prejudiciais. A baixa qualidade do ar dos interiores é agravada pela umidade e por altas temperaturas. Seus efeitos podem ser incômodos, prejudiciais à saúde ou mesmo perigosos. Eleve a qualidade do ar de seus espaços internos por meio da seleção cuidadosa de materiais conforme as especificações e de uma ventilação adequada.

Vincula-se às regras 1, 6, 37, 45, 69, 72, 75, 80, 88

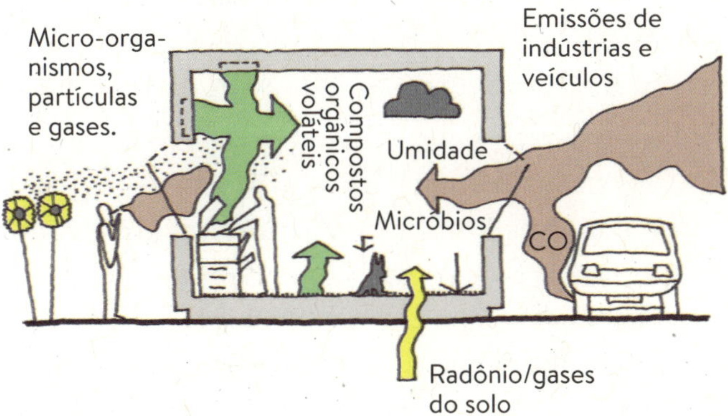
Micro-orga-
nismos,
partículas
e gases.
Compostos
orgânicos
voláteis
Emissões de
indústrias e
veículos
Umidade
Micróbios
CO
Radônio/gases
do solo

74 NÃO FIQUE TRISTE

A falta de luz natural em nossas edificações perturba os ritmos circadianos humanos e está relacionada com uma condição clínica denominada transtorno afetivo sazonal (TAS). Ambientes com luz diurna reduzem o estresse e melhoram as condições de saúde e bem-estar. O transtorno afetivo sazonal está ligado a sintomas como fadiga, falta de concentração e perturbação da saúde mental. Quanto mais distantes estamos da Linha do Equador, mais intensos são seus efeitos, especialmente no inverno. O transtorno afetivo sazonal ocorre com mais frequência em edificações em que seus usuários passam muitas horas do dia nos interiores e onde os níveis de iluminação são inferiores a 1.000 lux. A iluminação natural é gratuita e abundante, então procure aproveitar ao máximo seu uso, controlando sempre os níveis de brilho e o ganho solar indesejado.

Vincula-se às regras 1, 6, 45, 60, 62, 70, 72, 84

75 INSISTA EM UMA AVALIAÇÃO PÓS-OCUPAÇÃO

Cada vez mais, os clientes das instituições públicas e privadas vêm solicitando uma avaliação pós-ocupação. Tradicionalmente, uma equipe de projeto e construção, ao concluir o projeto de uma edificação, vai embora e segue para o próximo trabalho. Não há uma avaliação para determinar se a edificação atingiu as condições pretendidas, seja do ponto de vista de seus ambientes, seja em termos de satisfação de seus usuários. Edificações sustentáveis devem atuar bem em muitos níveis, de modo que se faz essencial avaliar e tomar providências em relação ao seu desempenho por pelo menos dois anos após a finalização do projeto. Inclua previsões de tempo e custos necessários para testar e ajustar a edificação após sua ocupação.

Vincula-se às regras 1, 3, 5, 45, 67, 68, 72, 73

Desempenho previsto

Desempenho real?

76 HERANÇA OU HISTÓRIA?

O historiador Roy Porter escreveu: "quando as edificações têm precedência sobre as pessoas, recebemos uma herança, não uma história". Uma cidade sustentável existe para seus cidadãos e deve combinar satisfatoriamente o antigo e o novo, mantendo sua vitalidade e conectando o passado e o futuro de um modo significativo. A herança construída da cidade deve fazer parte de uma colagem em constante desenvolvimento, demandando avaliações contemporâneas dos aspectos históricos que pretendemos conservar e de como fazê-lo.

Vincula-se às regras 1, 2, 11, 41, 45, 54, 81, 83, 86, 100

77 UMA CIDADE ATIVA É UMA CIDADE SAUDÁVEL

Há uma conexão entre um estilo de vida urbano ativo e a qualidade da saúde humana. Em muitas cidades modernas, monocêntricas e dependentes de carros, o fácil acesso a oportunidades seguras de realização de atividade física diária é bastante limitado. Ao mesmo tempo que disponibilizam ambientes densos e compactos para a vida e o trabalho urbanos, as cidades devem permitir a prática de atividades físicas regulares para toda a sociedade. As pessoas usarão seus pés se o espaço público for atraente: projete oportunidades para as pessoas se movimentarem a pé e de bicicleta, para se exercitarem e praticarem tanto esporte como jardinagem e o cultivo urbano da terra.

Vincula-se às regras 1, 18, 45, 46, 80, 81, 82, 83, 101

Caminhar até o parque ou local de recreação	0,4 km.
Caminhar até a horta comunitária	1,6 km
Caminhar até o trabalho	3,2 km
Pedalar até o trabalho	16 km

78 UMA CIDADE SONORA É UMA CIDADE ESTIMULANTE

Existe uma grande variedade de sons estimulantes e inspiradores em nossas cidades, se desejarmos ouvi--los. As condições climáticas, as atividades das pessoas e o canto dos pássaros conferem um pano de fundo poético para o dia a dia da vida urbana. A paisagem sonora psicologicamente recompensadora faz parte de nossa conexão com o lugar. Sons naturais agradáveis como o barulho da água corrente e o vento nas árvores podem ocultar sons desagradáveis. Nós geralmente associamos os sons da natureza à tranquilidade, e os sons humanos nos conectam com a sociedade; procure encorajar o estabelecimento de conexões entre a paisagem urbana e a paisagem sonora.

Vincula-se às regras 1, 45, 70, 79, 80, 100

Sons de organismos
não humanos
Processos da
natureza
Sons
humanos

79 SONS INDESEJADOS INDICAM UMA CIDADE RUIDOSA

Som que nos perturba é barulho: uma causa de problemas sociais e de saúde. Fontes sonoras como o trânsito, a indústria, esportes e eventos musicais podem, se precariamente planejados, prejudicar a realização de outras atividades do cotidiano como trabalhar, relaxar ou dormir. Nossas ruas, praças e parques também sofrem com o ruído, limitando sua utilidade para os seres humanos e afastando a fauna. Um amortecedor verde próximo à fonte do ruído pode ajudar a reduzi-lo. No contexto interno, o ruído se desloca entre pisos e paredes, criando ainda mais incômodos. Procure manter as atividades ruidosas distantes daquelas que são sensíveis aos ruídos, e procure atenuar os sons tanto dentro quanto fora das edificações.

Vincula-se às regras 1, 45, 78, 80

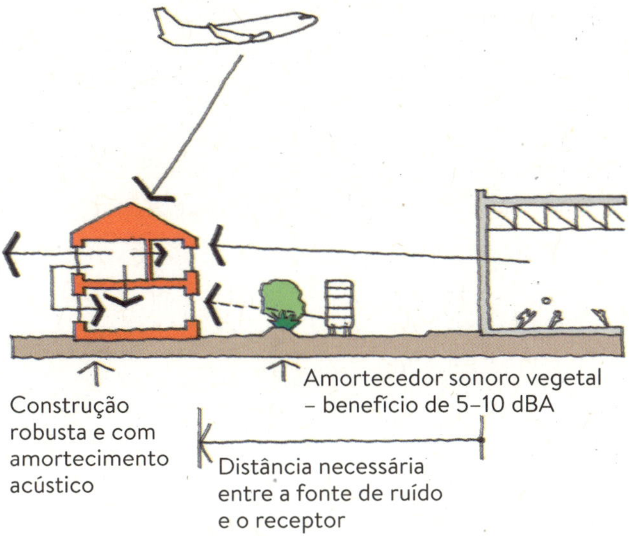
Construção
robusta e com
amortecimento
acústico
Amortecedor sonoro vegetal
- benefício de 5–10 dBA
Distância necessária
entre a fonte de ruído
e o receptor

80 UMA CIDADE VERDE É UMA CIDADE SAUDÁVEL

É sabido que os espaços verdes são benéficos para a saúde mental e o bem-estar dos moradores urbanos. Espaços verdes nas cidades podem assumir diversas formas, de florestas urbanas de grande escala a miniparques. Tais espaços não servem apenas para possibilitar a recreação e o exercício: as árvores, ao absorver o CO_2 e outros gases poluentes, reduzem o efeito de ilha de calor urbana e melhoram a qualidade do ar. Parques junto a cursos de água urbanos podem melhorar a qualidade da água e as áreas verdes de uma cidade são capazes de absorver 85% da radiação ultravioleta nociva. Espaços verdes apresentam uma temperatura menor do que seus arredores: o ar resfriado por esses espaços proporciona um efeito de refrescar uma faixa de até 150 m para dentro da cidade.

Vincula-se às regras 1, 17, 40, 41, 45, 46, 51, 55, 56, 58, 66, 71, 73, 77-79, 82, 96, 100

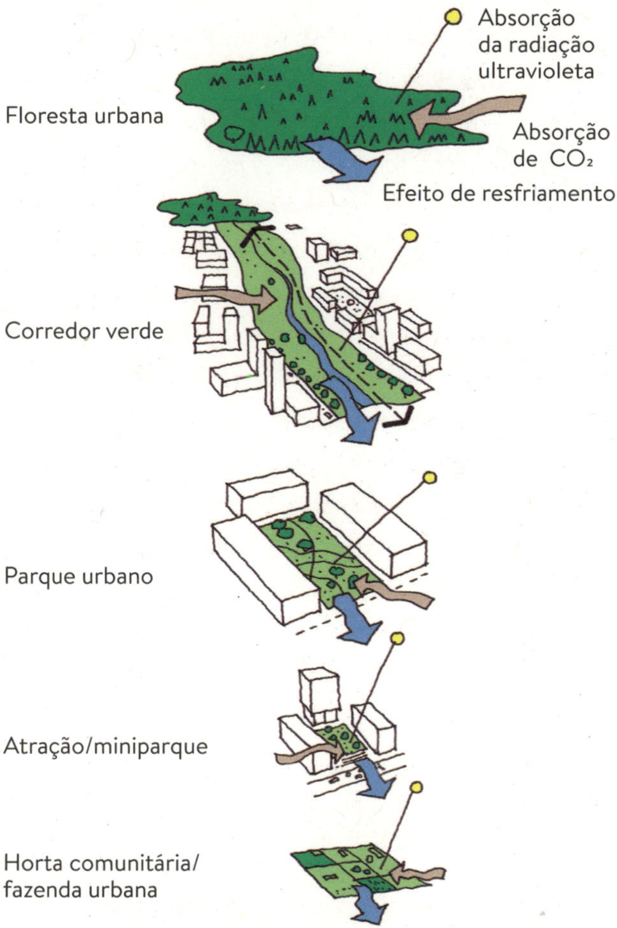
Absorção da radiação ultravioleta
Floresta urbana
Absorção de CO_2
Efeito de resfriamento
Corredor verde
Parque urbano
Atração/miniparque
Horta comunitária/ fazenda urbana

81 UMA CIDADE MULTIFUNCIONAL É UMA CIDADE VIBRANTE

Trabalhadores de escritórios que possuem residências próximas do trabalho constituem um mercado para o comércio varejista, alimentício e recreativo local. A atividade gerada, dia e noite, ao longo de todo o ano produz uma diversidade humana vibrante e uma vizinhança segura e dinâmica. Essa vibração atrai mais pessoas e negócios, de modo que a cultura local e as festividades prosperam. Usos e finalidades que se sobrepõem reduzem a distância de deslocamento a um raio possível de ser percorrido a pé ou de bicicleta, com acesso ao transporte público. Tipos heterogêneos de moradias atraem pessoas de todas as idades e com necessidades diversas, contribuindo para que se desenvolva uma sensação de pertencimento. Essas são as bases de uma cidade sustentável.

Vincula-se às regras 1, 18, 45, 51, 76, 77, 83, 97, 100, 101

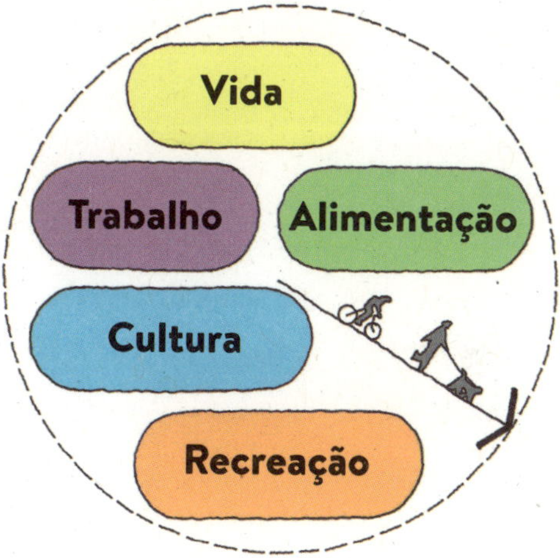
Vida
Trabalho
Alimentação
Cultura
Recreação

82 UMA "CIDADE COMESTÍVEL" ALIMENTA A SI MESMA

As cidades e seus cidadãos enfrentam riscos cada vez maiores de sofrer com a escassez de alimentos. Falhas no fornecimento de água, poluição e dependência do transporte (com as emissões de CO_2 a ele associadas) para alimentar as populações urbanas são alguns dos fatores que contribuem para esses riscos. Apesar disso, com projetos inovadores de agricultura e hortas urbanas, a cidade pode alimentar a si mesma, suprindo uma parte considerável da sua necessidade de alimentos e, ao mesmo tempo, reduzindo sua pegada ecológica. Traga agricultura para a cidade: imagine o futuro de uma "cidade comestível".

Vincula-se às regras 1, 41, 45, 71, 77, 80, 98, 99

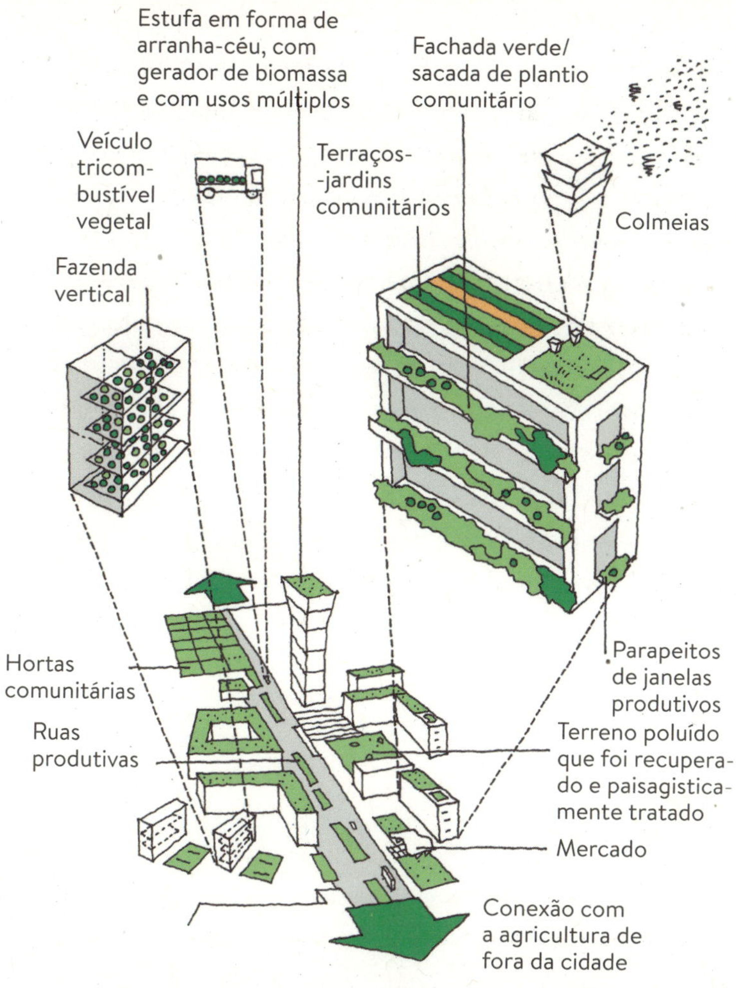
Estufa em forma de arranha-céu, com gerador de biomassa e com usos múltiplos
Fachada verde/ sacada de plantio comunitário
Veículo tricom-bustível vegetal
Terraços-jardins comunitários
Colmeias
Fazenda vertical
Hortas comunitárias
Ruas produtivas
Parapeitos de janelas produtivos
Terreno poluído que foi recuperado e paisagisticamente tratado
Mercado
Conexão com a agricultura de fora da cidade

83 A CIDADE É PARA TODOS

A equidade, um dos três pilares da sustentabilidade, está em falta em nossas cidades: elas estão se tornando mais desiguais, e não o contrário. Cada cidadão deveria poder participar plenamente de todas as oportunidades que a urbe tem a oferecer, com o auxílio de uma liderança municipal em busca de justiça, moradia, abrigo, saúde, educação, ambientes e oportunidades justos e igualitários para todos. As vozes das pessoas devem ser ouvidas e respeitadas desde o início se o desenvolvimento urbano pretende ser sustentável. A cidade, suas instituições democráticas e suas formas construídas devem ser inclusivas e acessíveis a todos em uma sociedade humanista.

Vincula-se às regras 1, 3, 18, 45, 76, 77, 81, 100

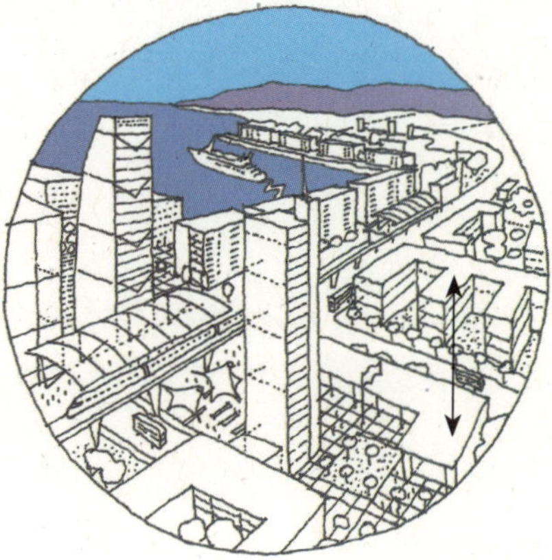

- Habitações economicamente viáveis e de alta qualidade transformam vidas
- Melhorias no transporte público = oportunidades
- A prosperidade urbana é para todos

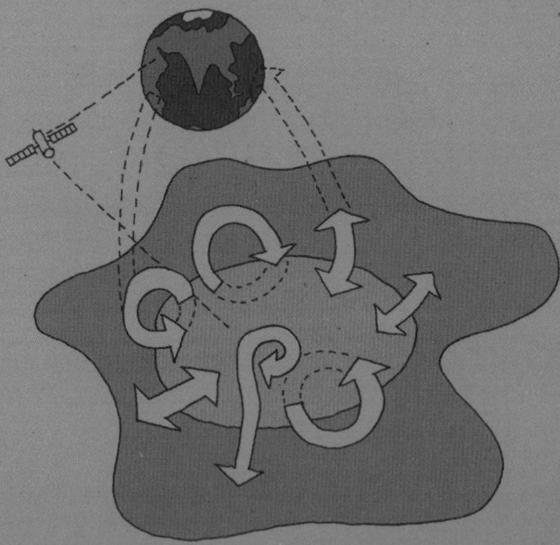

CAPÍTULO 5

ESTRATÉGIAS PARA EDIFICAÇÕES E CIDADES SUSTENTÁVEIS

84 a 89

84. Comece com o desempenho da edificação: a qualidade de seu funcionamento nos indica o que deve ser feito.

85. Empregue o pensamento integrado: reduza o consumo de energia ao mesmo tempo que aumenta o conforto e a saúde.

86. A criatividade vence o desperdício: empregue ideias criativas para edificações vazias ou subutilizadas e para eliminar o uso de móveis, leiautes e acessórios ineficientes.

87. Energia incorporada recorrente: reduza ou elimine a energia incorporada adicional associada a cada reforma.

88. Evite efeitos imprevistos: vedações externas e isolamento climático podem trazer danos provocados pela umidade, qualidade precária do ar dos interiores e superaquecimento.

89. Rejeite o "disfarce ecológico": desconfie de falsas promessas de desempenho ambiental.

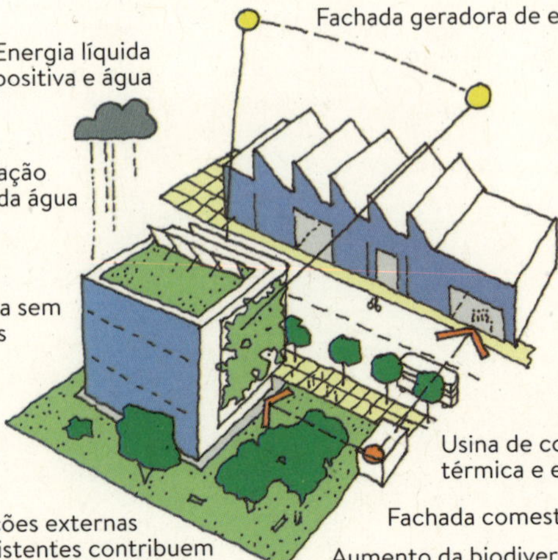

Indo além da reforma tradicional

SEIS REGRAS ESTRATÉGICAS PARA UMA REFORMA SUSTENTÁVEL

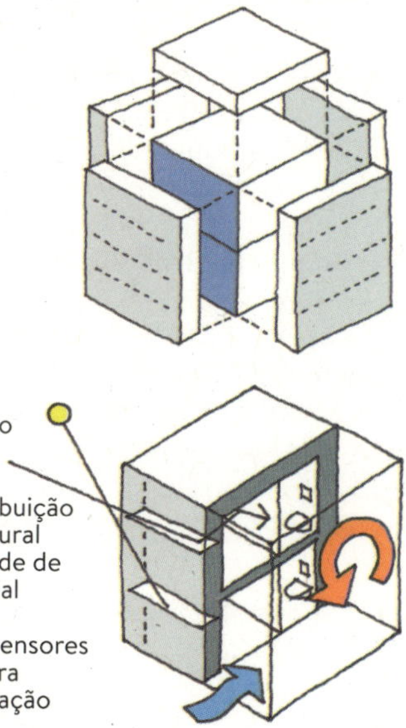

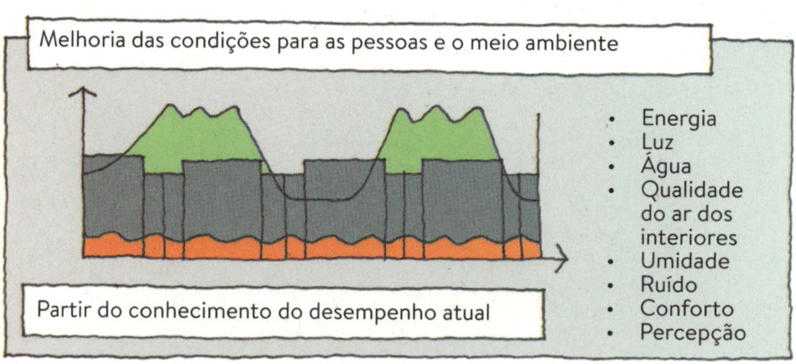

90 a 95

90. Pense grande: o foco deve estar simultaneamente nas pessoas, no lugar e no planeta.
91. Pense pequeno: o objetivo é reduzir o uso de recursos, a geração de resíduos e a pegada ecológica.
92. Pense positivo: além da energia, uma edificação poderia gerar mais do que consome? Esse seria um resultado líquido positivo.
93. Leve em conta o destino das edificações: conhecemos as desmontáveis, recicláveis e reutilizáveis – mas e quanto às reversíveis, permutáveis, compostáveis, móveis e comestíveis?
94. Seja responsável: assuma as responsabilidades ecológicas, sociais, éticas e estéticas.
95. Seja sensato: tenha sempre bom senso e evite a tentação da "ecomaquiagem".

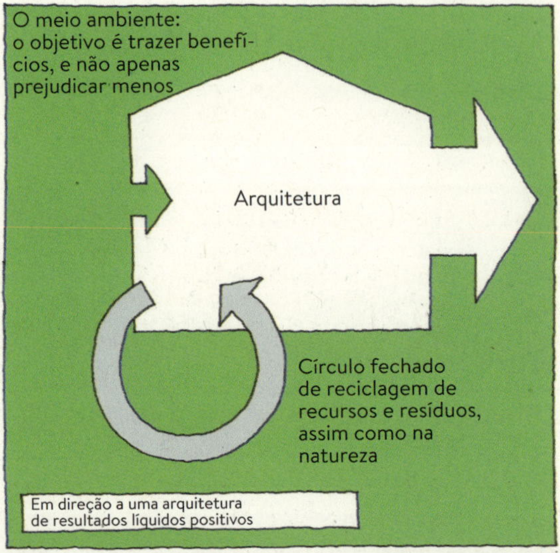

SEIS REGRAS ESTRATÉGICAS PARA UMA ARQUITETURA SUSTENTÁVEL

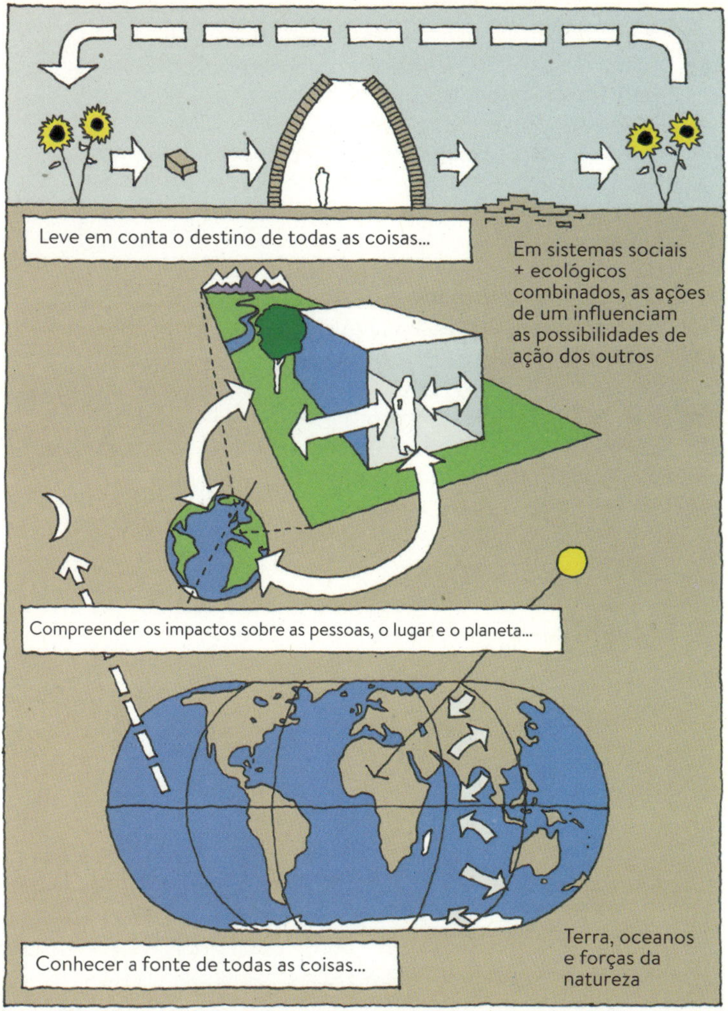

96 a 101

96. A natureza é o ponto de partida: deixe o lugar, o clima e as forças da natureza influenciarem as formas de (re)desenvolvimento urbano.

97. Pense em alta densidade/baixo impacto: o objetivo é uma cidade compacta com uma pegada ecológica compacta.

98. Reestabeleça as conexões entre a cidade e a região: uma relação simbiótica entre a cidade e seu entorno é vantajosa para os cidadãos, a ecologia e o ambiente.

99. É possível que uma cidade contribua com mais do que aquilo que consome, por meio de soluções inovadoras, de resultado líquido positivo em termos de energia, resíduos, carbono e água?

100. Procure por beleza e diversidade no espaço público: uma cidade habitável é variada, atraente, biodiversa, ideal para o pedestre, inclusiva, conectada, limpa e segura.

101. Ponha os pés em primeiro lugar: dê prioridade à circulação de bicicletas e pedestres pela cidade.

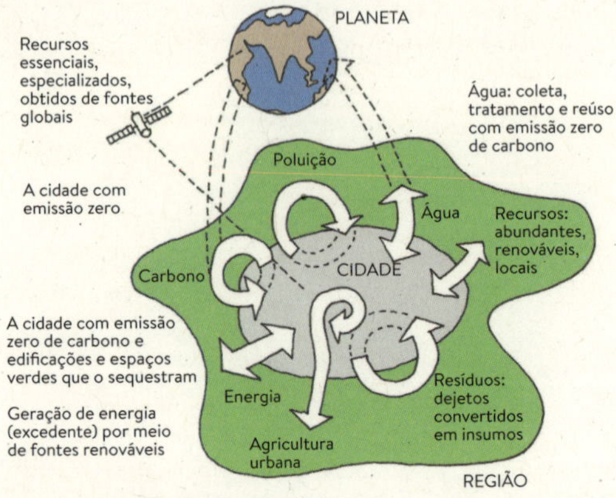

Por uma cidade com resultado líquido positivo

SEIS REGRAS ESTRATÉGICAS PARA CIDADES SUSTENTÁVEIS

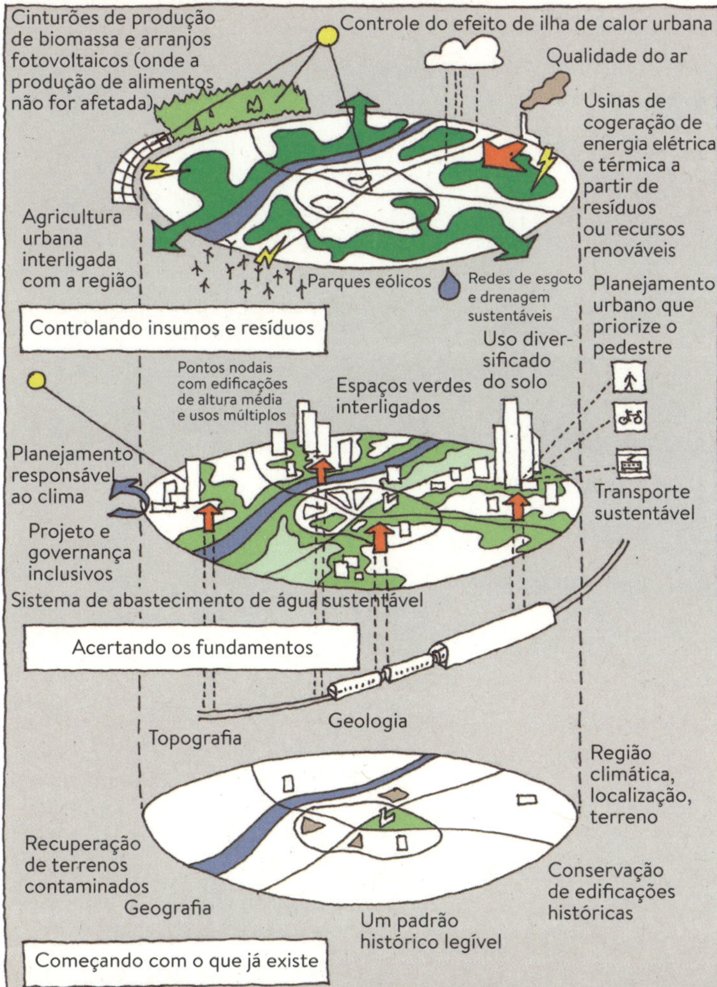

NOTAS, OBSERVAÇÕES E REFERÊNCIAS – UMA BIBLIOGRAFIA COMENTADA

Os livros, revistas, artigos e websites citados na bibliografia comentada a seguir são uma pequena seleção de uma grande fonte de recursos. Eles foram escolhidos por terem sido considerados particularmente úteis para responder às inesgotáveis perguntas do autor a respeito de sustentabilidade, explicar questões e também servir como lembretes para a memória, uma vez que o assunto é amplo e complexo demais para se ter em mente todos os seus aspectos o tempo todo. Alguns textos, representando o amplo escopo de tópicos e questões, estão sempre à mão e foram listados como "os dez mais" do autor, de tal modo que o estudante, profissional, proprietário, cliente, administrador ou usuário atarefado possa encontrar uma fonte de consulta rápida para auxiliá-lo em qualquer questionamento geral a respeito de sustentabilidade.

OS DEZ MAIS PARA O AUTOR

1. Edwards, Brian. *Rough Guide to Sustainability – A Design Primer* (edição em português: *O guia básico para a sustentabilidade. São Paulo, Editora Gustavo Gili, 2008)*

2. Pelsmakers, Sofie. *The Environmental Design Pocketbook*

3. Berge, Bjorn. *The Ecology of Building Materials*

4. Bokalders, Varis e Block, Maria. *The Whole Building Handbook*

5. Jacques, Peter. *Sustainability – the Basics*

6. Sassi, Paola. *Strategies for Sustainable Architecture*

7. Liddell, Howard. *Eco-minimalism – the Antidote to Eco-bling*

8. Birkeland, Janis. *Positive Development – From Vicious Circle to Virtuous Cycles through Built Environment Design*

9. Kwok, Alison e Grondzik, Walter. *The Green Studio Handbook* (edição em português: *Manual de arquitetura ecológica. Porto Alegre, Bookman, 2010)*)

10. Ritchie, Adam e Thomas, Randall (comp.). *Sustainable Urban Design – An Environmental Approach*

Dois clássicos favoritos:

Rudofsky, Bernard. *Architecture without Architects: A Short Introduction to Non-Pedigreed Architecture*

Givoni, Baruch. *Climate Considerations in Building and Urban Design*

Dois pequenos "livros obrigatórios":

Ween, Camilla. *Future Cities – All That Matters*

Ford, Adam. *Mindfulness & the Art of Urban Living*

CAPÍTULO 1.
OS PRINCÍPIOS DA SUSTENTABILIDADE

1. Nosso planeta único e limitado

Existem limites para as quantidades que o planeta consegue suportar em termos de produção de alimentos (devido à disponibilidade de terra, sol e água), purificação do ar, extração de recursos e processamento de resíduos em relação à crescente população do planeta. O órgão internacional não governamental WWF (World Wild Fund for Nature) estima que três Terras seriam necessárias para garantir a sobrevivência da população mundial se o padrão de consumo e geração de resíduos de todas as nações fosse de acordo com os padrões que o Reino Unido apresenta hoje. Pooran Desai e Sue Riddlestone, no livro *Bioregional Solutions For Living on One Planet* (2007, p. 28), concluem que seis planetas seriam necessários se consumíssemos globalmente conforme os padrões dos Estados Unidos (a estimativa do WWF é quatro planetas Terra). A partir de um ponto de vista um pouco diferente, a Global Footprint Network afirmou que hoje o planeta leva um ano e meio para regenerar aquilo que consumimos em um ano. O *website* da Global Footprint Network apresenta uma discussão detalhada e muitos dados a respeito das pegadas ecológicas nacionais, e a United Nations Population Division é uma boa fonte de projeções para a população global.

2, 3 e 4. Sustentabilidade: definições e perspectivas, ética e valores

Em uma excelente introdução ao assunto da sustentabilidade humana global, Peter Jacques, no fundamental *Sustainability - the Basics* (2015, pp. 1–14 e 39–41), confirma que não existe uma definição única e positiva, mas sugere que, em um nível, sustentar algo é simplesmente garantir que esse algo continue existindo. O autor descreve (p. 41) sustentabilidade "fraca" (focada na economia, partindo do pressuposto de que o mercado encontrará soluções) e sustentabilidade "forte" (com foco na ecologia, exigindo mudanças substanciais de comportamento). Nesse livro pode-se encontrar um glossário bastante útil de termos (pp. 205–213). Existem muitas definições de sustentabilidade em relação ao ambiente construído, e Jeremy Gaines e Stefan Jäger, em seu livro *Albert Speer & Partners - A Manifesto for Sustainable Cities* (2009, p. 16), sugerem que sustentabilidade significa agir localmente ao mesmo tempo que se pensa globalmente, uma frase bastante utilizada hoje. Buscando uma precisão maior, Daniel Williams, em *Sustainable Design - Ecology, Architecture, and Planning* (2007, p. 3), nos diz que a sustentabilidade é alcançada por meio do uso de recursos locais, renováveis. O autor salienta que a sustentabilidade deve ser incorporada ao desenvolvimento do projeto (p. 14) e, no Capítulo 2, apresenta as características e processos do projeto sustentável, com uma lista bastante clara e útil de critérios que todos os projetos deveriam alcançar (p. 21). A associação britânica Building Services Research and Information Association (BSRIA) nos diz que uma estrutura sustentável deve incorporar os seguintes princípios:

- Minimizar o consumo de recursos não renováveis
- Enriquecer o meio ambiente
- Eliminar ou minimizar o uso de produtos tóxicos

O projeto sustentável é um processo multidisciplinar que deve ter início na concepção de um projeto e não pode ser "acrescentado" depois. Isso é verdade tanto para obras novas quanto para reformas e intervenções de arquitetura de interiores. Lisa Tucker, no livro *Designing Sustainable Residential and Commercial Interiors - Applying Concepts and Practices* (2015, p. 2), também confirma que toda a equipe de projeto deve estar envolvida.

Muitos autores falam de "projetos ecológicos" quando se referem à sustentabilidade, indicando que as questões ecológicas e ambientais foram priorizadas. Mas a sustentabilidade também é considerada um "triplo objetivo": questões sociais, econômicas e ambientais se equilibram em seu escopo. Uma edificação não será sustentável se for ecologicamente adequada e a sociedade não puder financiá-la ou não tiver os recursos e habilidades para operá-la. Em uma discussão importante a respeito de tendências emergentes, Brian Edwards, no *Rough Guide to Sustainability* (2014, pp. 315-328), observa como a sociedade atualmente valoriza equivocadamente certos produtos e materiais em detrimento de outros, nos lembrando que a sustentabilidade é uma questão de responsabilidade ética: por exemplo, é uma obrigação profissional obter materiais e recursos a partir de fontes que não exploraram indevidamente os ecossistemas nem o trabalho humano.

As definições de desenvolvimento sustentável e a história das tentativas de defini-lo podem ser exploradas no manual amplo e bem-estruturado desenvolvido pelo urbanista sustentável Stephen M. Wheeler, *Planning for Sustainability: Creating livable, equitable and ecological communities* (2013, pp. 30 e 31). A definição favorita de Wheeler (sua própria) é: "O desenvolvimento sustentável é o desenvolvimento que melhora no longo prazo a saúde dos sistemas humanos e ecológicos". Darko Radovic, em *Eco-Urbanity* (2009, pp. 9–16), afirma que tanto a "ecosfera" quanto a "sociosfera" estão ameaçadas. Contudo, um tema central e otimista presente em seu ensaio é a possibilidade de que, de fato, a sustentabilidade e o urbanismo podem coexistir.

5. O projeto em seis dimensões

Existem muitas ferramentas disponíveis para auxiliar no desenvolvimento de projetos sustentáveis. Tais ferramentas incluem aquelas usadas para a análise de opções (de orientação solar, forma, insolação, ventilação, iluminação natural, consumo de energia, materiais e resíduos) em um modelo de desenho e projeto tridimensional por computador, o Building Information Modelling (BIM), bem como a análise do ciclo de vida, na qual é avaliado o impacto ambiental de um material. Varis Bokalders e Maria Block, no *The Whole Building Handbook* (2010, pp. 9–13 e 206–207), consideram a aplicabilidade de vários métodos de análise do ciclo de vida, que, quando utilizados em conjunto com o BIM, se tornarão, em última análise, a norma para o desenvolvimento de projetos sustentáveis, e o *BRE Green Guide to Specification* utiliza análises do ciclo de vida para avaliar materiais e componentes comuns.

No Reino Unido, o governo exige, desde 2016, que todos os seus projetos sejam desenvolvidos eletronicamente por meio de BIM, com o objetivo de permitir que as equipes interdisciplinares de desenvolvimento de projetos reduzam os custos e as emissões de carbono por meio de projetos pentadimensionais (5D) de análises do ciclo de vida. Eddy Krygiel e Brad Nies, em *Green BIM: Successful Sustainable Design with Building Information Modeling* (2008), fornecem um relato geral bastante acessível de todo o processo a partir do ponto de vista de um projetista; o texto deles ainda é considerado "de ponta". Escrito por arquitetos e para eles, *BIM in Small-Scale Sustainable Design* (2012), de François Lévy, fornece um relato detalhado e ilustrado a respeito dos processos de desenvolvimento e documentação de projetos levando em conta os aspectos principais do desenvolvimento de um projeto sustentável com BIM. Descreve-se um modelo 6D, em que as informações e instruções de operação do projeto final construído são fornecidas ao usuário para gerenciamento dos recursos interativos.

6. O quão "verde" é a sua edificação? (Tons de verde)

Ken Haggard *et al.*, no *Passive Solar Architecture Pocket Reference* (2009, p. 80), explicam que uma edificação "verde-clara" apresentará redução no consumo de energia, enquanto uma edificação "verde profundo" não apenas apresentará essa redução como será conceitualmente diferente, empregando uma abordagem integrada de projeto e focando técnicas passivas e renováveis. No *Rough Guide to Sustainability* (2014, pp. 209–220) Edwards (com Emanuele Naboni) nos fornece seu próprio "Esquema de Projeto Sustentável", que lida com aspectos como programa de necessidades, flexibilidade, projeto passivo, simplicidade de operação, longevidade, recursos renováveis e facilidade de manutenção/melhorias.

Tom Woolley *et al.*, na introdução do *Green Building Handbook – a Guide to Building Products and Their Impact on the Environment Volume 1* (1997, Parte 1), discutem o uso do termo "sustentável" e disponibilizam uma explicação do significado de "edificação sustentável": uma abordagem holística e não comprometedora de projeto e desenvolvimento sustentável – embora os autores admitam que alguns dos termos mais comuns (verde, sustentável, ecológico etc.) sejam intercambiáveis. Eles definem parâmetros úteis para edificações sustentáveis, estruturando-os cuidadosamente em quatro princípios:

- Reduzir o consumo de energia operacional
- Minimizar a poluição externa e o dano ambiental
- Reduzir a energia incorporada e o esgotamento dos recursos naturais
- Minimizar a poluição interna e os danos à saúde [dos usuários]

David Clark, em *What Colour is Your Building?* (2013, pp. 83–231), define parâmetros para o desenvolvimento de projetos de edificações sustentáveis a partir da perspectiva do baixo consumo de energia e de uma baixa pegada de carbono como um todo, inclusive na escolha dos materiais.

As reformas são abordadas por Janis Birkeland em *Positive Development - From Vicious Circle to Virtuous Cycles Through Built Environment Design* (2008, p. 40), com diagramas muito bons a respeito dos níveis de sustentabilidade das reformas - desde reformas com um nível mínimo de sustentabilidade até reformas plenamente sustentáveis, ou "ecorreformas" regeneradoras.

7, 8 e 9. O meio ambiente: definição, escalas, impactos locais e globais

Diz-se que Thomas Carlyle cunhou o termo "meio ambiente" em sua tradução da expressão *Umgebung* de Johann Wolfgang von Goethe em 1828, reconhecendo a influência negativa que a espécie humana exerce sobre o planeta. Uma definição útil, no ISO 14001, é "entorno em que uma organização atua, incluindo ar, água, terra, recursos naturais, flora, fauna, seres humanos e suas inter-relações. Essa inter-relação acontece em todas as escalas do meio ambiente.

Pesquisadores no complexo campo da teoria das escalas confirmam que uma ação realizada na escala do ambiente produz efeitos sobre as outras escalas e que elas possuem tanto parâmetros espaciais quanto temporais. Em outras palavras, atividades locais, de curto prazo, em relação à ecologia (bem como em relação às mudanças climáticas) geram consequências globais de longo prazo. Tanto a teoria quanto a prática indicam que essas consequências podem ser sentidas em locais bastante diferentes daqueles onde tiveram sua origem. Outros debates a esse respeito podem ser encontrados em How Scale Matters: Some Concepts and Findings, in *Bridging Scales and Knowledge Systems - Concepts and Applications in Ecosystem Assessment* (2006, Capítulo 2), de Thomas Wilbanks.

Desai e Riddlestone, em *Bioregional Solutions For Living on One Planet* (2002, p. 16), nos apresentam sua noção de pensar globalmente e agir localmente, evidenciando uma compreensão da interconectividade das escalas do ambiente. Além disso, os autores demonstram, enquanto descrevem seu empreendedorismo inspirador, que as ações que praticamos localmente podem produzir efeitos positivos em escala global.

10 e 11. A edificação mais verde é aquela que não é construída ou a que já está construída?

Essas duas frases foram incorporadas no uso comum e as duas possuem seu lugar no léxico ecológico. Woolley *et al.*, no *Green Building Handbook* (1997, p. 14), estão entre os poucos autores que discutem a questão fundamental a respeito da escolha entre construir uma nova edificação, reciclar o uso de uma edificação já existente, reformá-la ou mesmo optar por nem construir. Às vezes, uma nova edificação é a melhor resposta; outras, uma solução híbrida resulta mais adequada. Clark, em *What Colour is Your Building?* (2013, p. 186), conclui que se uma edificação pode ser suficientemente reformada a ponto de reduzir significativamente o consumo de energia operacional, é bastante provável que a reforma seja a solução que resulte em uma menor emissão de carbono. Charles Lockwood, um autor de estratégias de negócios sustentáveis, no artigo "Building Retro Fits" (2009), relata que as reformas frequentemente são vistas como a opção menos arriscada, especialmente quando o clima econômico é desfavorável. O aumento da satisfação dos trabalhadores e de sua produtividade são vistos como os principais benefícios das reformas. Edwards, no *Rough Guide to Sustainability* (2014, p. 194) nos oferece uma tabela útil, com intervalos de tempo típicos para a realização de melhorias nos vários componentes e sistemas de uma edificação, ao mesmo tempo que nos recorda de que cada atualização ou modernização nos oferece uma oportunidade para realizar também melhorias do ponto de vista ecológico/ambiental. A necessidade de enfatizar as reformas no mercado imobiliário do Reino Unido é discutida de modo detalhado por Sofie Pelsmakers no livro *The Environmental Design Pocketbook* (2015, Capítulo 8), em uma seção que inclui, ainda, as medidas que se devem tomar nesse sentido, enquanto Penoyre e Prasad (Sunand Prasad *et al.*), em *Retrofit for Purpose – Low Energy Renewal of Non-Domestic Buildings* (2014), ilustram uma combinação entre pensamento alternativo (tal como repensar os padrões de trabalho) e soluções práticas para reformas. Bokalders e Block, no *The Whole Building Handbook* (2010, Capítulo 4.3), nos oferecem informações (pp. 611–624) a respeito de avaliações, questões operacionais, ciclos de manutenção e detalhes a respeito de técnicas de reforma de baixo consumo de energia.

12 e 13. Longevidade e flexibilidade

Paola Sassi, no texto de referência fundamental *Strategies for Sustainable Architecture* (2006, Capítulo 4.1), considera, com a ajuda de estudos de caso, o desenvolvimento de projetos para uma longa vida útil e estabelece uma conexão entre longevidade e flexibilidade. A autora revela (pp. 154 e 155) como uma edificação pode ser projetada para ser flexível socialmente (por exemplo, para o aumento ou diminuição no número de membros em uma família) ou adaptável às novas tecnologias. Bokalders e Block, no *The Whole Building Handbook* (2010, pp. 646 e 647), discutem a questão de que a flexibilidade incorporada pode gerar desperdícios. Randall Thomas, em *Environmental Design, an Introduction for Architects and Engineers* (2006, p. 72), nos fornece critérios para determinar a longevidade de edificações, incluindo:

Excelência no projeto, o que conduz à aclamação pública e, portanto, a uma edificação que será conservada.
Soluções de projeto e materiais duráveis e de alta qualidade, minimizando a necessidade de reformas.

Além disso, questões relacionadas podem ser encontradas na Regra 19 e no Capítulo 5 deste volume.

14, 15 e 16. Dióxido de carbono, combustíveis fósseis, aquecimento global e mudanças climáticas: a influência das edificações, cidades e pessoas

A Agência de Proteção Ambiental dos Estados Unidos, em seu *website*, apresenta uma síntese útil da situação global do CO_2 na seção que oferece uma visão geral a respeito dos gases de efeito estufa. Clark, em *What Colour is Your Building?* (2013, p. 12), aborda a questão da significativa dependência global em combustíveis de origem fóssil para a produção de energia e é um dos autores que salienta que as pessoas (usuários) exercem forte influência no desempenho energético de uma edificação. A redução do consumo de energia é a estratégia mais importante (p. 180), e o autor cita o fator humano em um dos seus "10 passos" para a redução do consumo de energia (p. 85). Bokalders e Block, no *The Whole Building Handbook* (2010, p. 277), explica que a variação no consumo de energia em uma residência pode variar, de acordo com as diferentes práticas das pessoas que nela residem, em até aproximadamente 50%.

Pelsmakers, no *The Environmental Design Pocketbook* (2015, Seção 1.1), oferece uma visão geral bastante clara da relação entre o setor de construção civil, as emissões de CO_2, o aquecimento global e as mudanças climáticas. O autor nos relembra que 50% do CO_2 emitidos por fontes humanas não são reabsorvidos pelas florestas nem pelos oceanos. O princípio de Contração e Convergência, um modo equitativo de reduzir as emissões totais de carbono, levando em conta emissões *per capita* por país, também é discutido (p. 15). Para explanações mais detalhadas, incluindo as esferas políticas e científicas, o Capítulo 1 do *Rough Guide to Sustainability* (2014, pp. 3-27) de Edwards nos oferece um relato excelente, inclusive a respeito dos desafios específicos para o ambiente construído. A urbanização é a causa de um aumento geral das emissões de CO_2 (p. 9), e somos alertados para o fato de que os padrões de vida produzem um efeito significativo nesse sentido, à medida que consumimos mais e alimentamos nossas expectativas em nosso impulso pelos modos urbanos de vida.

17. Somos uma espécie urbana

Dennis Rodwell, no livro *Conservation and Sustainability in Historic Cities* (2007, p. 112), afirma que o consumo e a degradação ambiental estão concentrados nas cidades, e Gaines e Jäger, no seu bem estruturado e embasado *Manifesto for Sustainable Cities* (2009, p. 16), nos recordam que a sustentabilidade e o planejamento urbano estão intimamente relacionados, pois, desde o ano 2000, há mais pessoas vivendo em cidades do que em zonas rurais. Esse movimento em direção à urbanização tende a continuar. Edwards, no *Rough Guide to Sustainability* (2014, pp. 11-13), nos oferece um breve relatório intitulado "O problema das cidades", no qual identifica a origem e a natureza das tensões exercidas sobre as pessoas e o planeta em nossas cidades e metrópoles. Clark, em *What Colour is Your Building?* (2013, pp. 13-15), descreve o ciclo que conecta as cidades às mudanças climáticas: oscilações de temperatura levam a um aumento da necessidade de climatização, demandando mais energia, o que resulta em aquecimento e contribui para o aumento das mudanças climáticas. Rob Adams, em seu amplo ensaio a respeito dos sucessos ambientais alcançados na cidade australiana de Melbourne, *Eco-Urbanity* (editora Radovic, 2009, pp. 33-46), restabelece a conexão entre a migração das pessoas para as cidades e os níveis de CO_2 destas. A necessidade de lideranças fortes é citada como uma ferramenta-chave na redução das emissões de uma cidade. Além disso, um aspecto interessante são os grandes benefícios que podem ser alcançados por soluções relativamente simples: comprar de fontes mais ecológicas, realizar a substituição de equipamentos elétricos e de iluminação por dispositivos com menor consumo de energia e reintroduzir o verde nas ruas como elemento de proteção solar, reduzindo o impacto do efeito de ilha de calor urbana.

18. Transporte: a conexão entre edificações, cidades e mudanças climáticas

A Agência de Proteção Ambiental dos Estados Unidos afirma que 95% da energia utilizada para o transporte globalmente são derivados de combustíveis fósseis, especialmente petróleo (gasolina) e óleo diesel. Enquanto as edificações são responsáveis por quase metade de toda a emissão de gases de efeito estufa por fontes humanas, Edwards nos alerta, no *Rough Guide to Sustainability* (2014, p. 7), que metade das emissões restantes deriva dos meios de transporte que utilizamos para movimentar pessoas e produtos entre edificações. O professor David MacKay afirma, em *Sustainable Energy - Without the Hot Air* (2009, p. 121), que os meios de transporte coletivos consomem de cinco a dez vezes menos energia do que os automóveis. Há um capítulo bastante completo a respeito de problemas e soluções escrito por Adam Ritchie e Randall Thomas em *Sustainable Urban Design - An Environmental Approach* (2009, pp. 21–30), no qual os autores concluem que o objetivo deve ser a redução da necessidade de deslocamentos, com o uso de veículos públicos de baixa emissão em uma cidade bastante compacta, de usos múltiplos. Ritchie, na introdução desse mesmo livro (pp. 3–11), faz uma importante afirmação a respeito da conexão existente entre a densidade, o transporte (ou como nos movimentamos pela cidade) e a energia, mencionando que a energia *per capita* diminui com o aumento da densidade urbana (p. 6). A energia necessária para o transporte e, consequentemente, o carbono derivado dos meios de transporte são discutidos de modo mais aprofundado por Clark em *What Colour is Your Building?* (2013, pp. 70 e 71). A partir de um estudo de caso de um escritório fora da cidade, o autor conclui que o carbono emitido pelos meios de transporte pode ser mais alto do que o carbono produzido pela operação de edificações. No Capítulo 9, Clark sugere soluções práticas para a redução da energia necessária para o transporte e as reduções de emissões obtidas por trabalhar em casa. A partir de outro ponto de vista, Desai e Riddlestone, em *Bioregional Solutions For Living on One Planet* (2002, p. 23), concluem que de pouco adianta construir edificações eficientes energeticamente se continuarmos a utilizar automóveis como meios de locomoção. O veículo "tríbrido" é definido por Ken Yeang e Lillian Woo no *Dictionary of Ecodesign: An Illustrated Reference* (2010, p. 243).

Dados a respeito do consumo energético das emissões de carbono por meios de transporte podem ser encontrados no relatório da Agência Ambiental Europeia a respeito de eficiência energética e consumo de energia pelo setor de transportes, de 2012.

19 e 20. Criação de projetos adaptáveis e resilientes

A adaptabilidade é um atributo fundamental da arquitetura sustentável, mas raramente pode ser encontrada em projetos construídos. Enquanto a flexibilidade, que é a "resiliência" na Regra 13, se refere à capacidade de fazer mudanças de curto prazo nas vedações externas e sistemas prediais, a adaptabilidade está relacionada à facilidade de acomodar mudanças maiores, de longo prazo, tais como alterações consideráveis em relação ao uso ou mesmo transferências de local de uma edificação. Com frequência, esses dois termos são usados de modo intercambiável em arquitetura. Atualmente, a adaptabilidade é mais discutida em relação às mudanças climáticas, embora inclua outras dimensões importantes.

A resiliência das cidades e de sua infraestrutura (ruas, linhas de metrô e de trem e aeroportos) às mudanças climáticas é um aspecto com o qual governos e administradores dos setores privados estão cada vez mais preocupados, tendo como um dos objetos principais de sua atenção as ameaças de aumento do nível do mar e da ocorrência de eventos climáticos extremos. No livro *City Design: Modern, Traditional, Green and Systems Perspectives* (2011, Capítulo 3), Jonathan Barnett fornece (juntamente com um relato organizado da história do desenho urbano) uma descrição útil dos mecanismos e impactos das mudanças climáticas nas cidades, com um foco especial nas cidades litorâneas.

Existe uma relação entre adaptabilidade e resiliência porque esta pode ser planejada, mas não implementada desde o início, exigindo uma futura capacidade de adaptação. Bill Gething e Katie Puckett, em *Design for Climate Change* (2013, p. 115), identificam as questões que envolvem a construção em um clima modificado, sob os seguintes títulos:

- Estabilidade estrutural (e a vulnerabilidade específica de edificações existentes)
- Vedações externas, detalhes e materiais
- Terraplenagem e paisagismo

Pelsmakers, no *The Environmental Design Pocketbook* (2015, pp. 45-57), inclui um capítulo dedicado ao desenvolvimento de estratégias para mudanças climáticas. O capítulo contém listas úteis de características necessárias em projetos e uma discussão a respeito da importância da proteção futura de nossas edificações. Questões como a durabilidade dos materiais em relação às mudanças climáticas são tratadas em *The Ecology of Building Materials* (2009, Parte 1.1.2), de Bjorn Berge. O autor alerta (pp. 12 e 13) para o fato de que haverá uma aceleração da deterioração em climas mais úmidos e um aumento da tensão térmica e de problemas com insetos em regiões mais quentes e secas. A escolha de materiais de construção deve, portanto, ser feita de acordo com as condições específicas do clima e da região. Um fórum global, Resilient Cities, publica relatórios de seus congressos anuais contendo informações a respeito de histórias de sucesso relacionadas a incidentes climáticos, incluindo resultados de seus fóruns sobre edificação e construção.

21. Desconectando-se da rede pública

O título de um dos capítulos do livro *A Country of Cities - A Manifesto for Urban America* (2013, p. 78), de Vishaan Chakrabarti, é "se você ama a natureza, não viva nela", e o autor afirma que a vida urbana é mais sustentável e mais ecológica do que os estilos de vida suburbanos. Viver na natureza não é uma solução sustentável: demanda mais recursos, resulta em perda de terreno e pegada ecológica maiores (p. 81). Desai e Riddlestone, em *Bioregional Solutions For Living on One Planet* (2002, p. 75), comentam que a autossuficiência é um obstáculo à formação de especialistas (artesãos, artistas e cientistas) em uma sociedade. Desse modo, a noção de um estilo de vida desconectado da rede é controversa. Nick Rosen, em sua instigante e divertida exploração do tema, no livro *How to Live Off-grid - Ever Wanted to Unplug from the Rat Race?* (2007), descreve uma versão de vida "fora da rede pública" caracterizada por dar as costas à sociedade (p. 35) de um modo mais amplo do que simplesmente em termos de energia. O autor afirma corretamente que uma preocupação com o ambiente pode ser a única razão para um estilo de vida desconectado da rede e que é sábio questionar se essa postura pode ser mais ética do que a alternativa. O autor luta para encontrar "foras da rede" urbanos. O Banco Mundial estimou em 2015 que 20% da população mundial, cerca de um bilhão e cem milhões de pessoas, vivem sem eletricidade, em locais onde, sobretudo nas regiões em desenvolvimento, não existe rede elétrica disponível. Em alguns desses lugares, há evidências do aumento do uso de sistemas de geração de energia com fontes renováveis de pequena escala. É bastante improvável que edificações totalmente desvinculadas da rede elétrica sejam possíveis em situações urbanas de alta densidade, assim como simplesmente não há disponibilidade solar suficiente para o desenvolvimento dos sistemas de energia e calefação solar necessários para tanto, nem vento suficiente para a escala necessária de geração de energia eólica. Veja as notas bibliográficas para as regras 26 a 32 para mais detalhes e referências a respeito da situação das energias renováveis no ambiente urbano.

CAPÍTULO 2.
RESPEITANDO OS RECURSOS GLOBAIS

22. A Terra como fonte de todos os materiais de construção

Brenda e Robert Vale, em seu trabalho pioneiro *Green Architecture – Design for a Sustainable Future* (1991, pp. 31 e 32), descrevem bem a relação entre os processos de desenvolvimento e execução de projetos de edificação e a natureza finita dos recursos do planeta, relembrando-nos de que "não há material usado em construção que não seja oriundo da terra". Berge, no livro *The Ecology of Building Materials* (2009, Parte 1), nos fornece indicadores dos anos de reserva de um grande número dos recursos não renováveis do planeta e também nos relembra de que o setor da construção civil é o segundo maior consumidor de recursos, atrás apenas da indústria alimentícia. No que diz respeito aos aspectos geológicos (na verdade, geográficos e biológicos), o autor considera a *Visual Encyclopedia* (1996), de Dorling Kindersley, inestimável. Aqueles que desejarem saber mais a respeito dos aspectos geológicos do assunto considerarão instrutivo o texto de Peter Fookes *et al.*: *Engineering Morphology – Theory and Practice* (2007), que oferece ilustrações e descrições excelentes da natureza e da localização de materiais e estruturas subterrâneas (pp. 30–38).

23. A economia de recursos

Berge, no *The Ecology of Building Materials* (2009, pp. 8–10), dá exemplos de áreas em que os projetistas podem economizar no uso de materiais:

- Otimizando o projeto da edificação, inclusive no que diz respeito ao tamanho, para reduzir a quantidade de material necessária
- Usando estruturas reticuladas e ocas em vez de estruturas sólidas e maciças
- Utilizando materiais leves em vez de materiais pesados (o que traz o benefício adicional de reduzir a necessidade de escavações e fundações)

Pelsmakers, em *The Environmental Design Pocketbook* (2015, p. 196), observa que os elementos estruturais de uma edificação são tanto os elementos mais dispendiosos quanto os que mais resultam em emissões de carbono, merecendo, por esse motivo, uma atenção especial ao longo das etapas de projeto. Bokalders e Block, no *The Whole Building Handbook* (2010, p. 35), discutem opções de vigas leves e a pré-fabricação e modularidade de elementos de construção, que estão entre os dois métodos comumente citados para a otimização de recursos e a redução do desperdício. O *website* da WRAP (*Waste & Resources Action Programme*) contém informações bastante úteis e também um plano de ação para eficiência de recursos da construção civil. Mais comentários podem ser encontrados na narrativa da Regra 44.

24 e 25. Energia incorporada

A energia incorporada denota a quantidade de energia usada no processamento e transporte de materiais. Na verdade, dois termos são agora bastante utilizados: energia incorporada e carbono incorporado. A diferença é que um material pode ter sido obtido e processado por meio de uso de energia renovável (sem ser à base de carbono) e possuir a mesma energia incorporada que o material obtido com energia à base de carbono, mas uma taxa de carbono incorporado muito menor. Clark, em *What Colour is Your Building?* (2013, Capítulo 3), nos oferece uma excelente visão geral do que o projetista deve saber a respeito de carbono incorporado e da relação entre carbono incorporado e carbono operacional. O autor afirma que, em um edifício de escritórios, mais da metade do carbono incorporado está na sub e superestrutura. Em *Green Architecture* (1991, p. 41), os Vales lidam com as dificuldades para calcular o conteúdo energético dos materiais de construção, um problema que ainda persiste devido a questões sobre o que incluir nesse cálculo. Há uma boa visão geral das questões pertinentes a esse assunto no livro de Berge, *The Ecology of Building Materials* (2009, Parte 1.2).

Em um dos excelentes manuais da série on-line de manuais técnicos do governo australiano, *Yourhome* (5.2, Energia incorporada), os autores observam que quantificar a energia incorporada é menos importante do que adotar princípios organizadores de longevidade, durabilidade e adaptabilidade. No Reino Unido, o grupo de apoio à indústria sustentável Greenspec tabulou a energia incorporada de alguns materiais comuns de construção. Entretanto, para o projetista, a energia dispensada na fabricação de conjuntos de componentes é provavelmente uma medida mais útil, e alguns exemplos australianos são dados no manual técnico *Yourhome 5.2*. Thomas, em

Environmental Design (2006, p. 73), fornece um gráfico do conteúdo de energia incorporada aproximado dos elementos de uma casa com recuos laterais e de fundos, sendo o concreto o material com conteúdo mais elevado.

O governo australiano afirma que, ao longo de cem anos, a energia incorporada de uma residência típica atual representa 10% da energia operacional (*Your Home Technical Manual 5.2*). O Ministério da Energia dos Estados Unidos estima esse valor em 15%. À medida que nos movemos em direção a edificações mais bem construídas e extremamente isoladas que seguem princípios organizadores passivos, podemos mudar o foco da energia operacional para a energia incorporada.

A energia incorporada de materiais com alta massa termoacumuladora, como o concreto e o tijolo, é discutida com frequência na literatura sobre o assunto. Pelsmakers, em *The Environmental Design Pocketbook* (2015, p. 174), estima que levaria em torno de 25 anos para que uma edificação "devolvesse" sua energia incorporada em materiais com grande capacidade de termoacumulação na forma de economia de energia operacional. Contudo, a maior parte dos autores nos recorda que existem benefícios oriundos do emprego de massa termoacumuladora em uma edificação, incluindo o conforto térmico (por meio da estabilização da temperatura) e a economia de energia operacional por ganho solar. A energia incorporada em materiais de isolamento será economizada muitas vezes pela economia de energia operacional resultante de uma perda térmica reduzida. Edwards, no *Rough Guide to Sustainability* (2014, pp. 163 e 164), discute a "energia residual": a energia remanescente em um material no final da vida útil de um edifício, a qual deve ser extraída.

O Waste & Resources Action Programme (WRAP) possui um material informativo com um comparativo entre as emissões de carbono de múltiplos meios de transporte, demonstrando que o transporte rodoviário é significativamente mais intenso em carbono do que o transporte ferroviário, e que este, por sua vez, é significativamente mais intenso do que o transporte pelo mar.

Energia incorporada recorrente é um tema adicional, particularmente na literatura relativa às reformas sustentáveis. A escolha de materiais duradouros é citada por Jean Carroon em *Sustainable Preser-*

vation - Greening Existing Buildings (2010, p. 8) como um fator-chave na redução da necessidade de substituição de materiais, resultando na recorrência da entrada de energia incorporada.

26 e 27. Arquitetura de baixa energia incorporada e energia renovável

Existe uma variedade considerável de informações disponíveis a respeito do projeto e da operação de edificações de baixo consumo energético, incluindo o primeiro livro desta série, de Huw Heywood, *101 Regras básicas para uma arquitetura de baixo consumo energético* (2012). Estratégias detalhadas de projeto, com excelentes ilustrações, podem ser encontradas no livro *Sun, Wind and Light: Architectural Design Strategies* (2001), de G.Z. Brown e Mark DeKay. Para maiores orientações práticas e estudos de caso de projetos, consulte o livro de Alison Kwok e Walter Grondzik, *The Green Studio Handbook, Environmental Strategies for Schematic Design* (2007). A arquitetura solar passiva é o tema de Haggard *et al.*, no bem ilustrado *Passive Solar Architecture Pocket Reference* (2009).

A energia, seja obtida por meio de recursos renováveis, seja por fontes de baixa emissão de carbono, é utilizada para calefação e/ou eletricidade. Bokalders e Block, em *The Whole Building Handbook* (2010, Seção 3.2), discutem a questão da produção de eletricidade em uma sociedade sustentável, salientando que a impossibilidade de armazenamento de eletricidade em um sistema de abastecimento privado continua sendo um dos obstáculos para aprimorar essas práticas, embora, em alguns países, seja possível obter vantagens na forma de uma tarifa especial para os particulares fornecerem energia renovável à rede pública e outros incentivos para a microgeração de energia. Pelsmakers, no *The Environmental Design Pocketbook* (2015, Capítulo 12), fornece informações detalhadas para a tomada de decisões e a realização do projeto no que diz respeito a tecnologias renováveis. O Energy Saving Trust, no Reino Unido, é um excelente recurso disponível na *web* e o *Green Building Bible Volume 2* (2006, Capítulo 2), escrito por Keith Hall e Richard Nicholls, contém uma boa seção a respeito de sistemas de geração de energia com fontes renováveis para qualquer pessoa que deseje obter uma visão geral técnica das opções disponíveis.

28. Fonte de energia renovável: água

A energia hidrelétrica produzida em larga escala permanece sendo uma fonte controversa, devido aos impactos ambientais que ocasiona, mas quantidades substanciais de energia elétrica podem ser geradas dessa forma. As usinas de conversão de energia cinética das ondas ainda estão dando os seus primeiros passos, mas oferecem o mesmo potencial global que as hidrelétricas de grande porte. Usinas hidrelétricas de pequeno porte são frequentemente combinadas com fontes de energia solar em muitas regiões onde não há uma rede elétrica: em muitas zonas rurais e montanhosas, no inverno, as taxas de fluxo da água são grandes, mas há poucos dias de sol. Bokalders e Block, no *The Whole Building Handbook* (2010, Seção 3.2), dividem o assunto em energia hidráulica (utilizando reservatórios e rios) e energia cinética das ondas. Na primeira categoria são discutidas as usinas hidrelétricas de larga escala, mini e micro. Informações mais detalhadas, úteis para o projetista, podem ser encontradas no livro *The Environmental Design Pocketbook* (2015, pp. 392-394), no qual Pelsmakers disponibiliza alguns valores úteis a respeito da diferença de nível e do espaço necessários para o alojamento da turbina (de 9 a 18 m^2). Billy Langley e Dan Curtis, no livro *Going with the Flow: Small Scale Water Power* (2004), apresentam uma gama de detalhes práticos e dados de projeto baseados em estudos de caso, bem como um fascinante relato histórico das microusinas hidrelétricas, com um glossário de termos bastante útil.

29. Fonte de energia renovável: o vento

Litorais, lagos e montanhas são os locais mais adequados para a produção de energia eólica em larga escala por meio do uso de parques eólicos, o que pode ser objeto de controvérsias. O guia da Carbon Trust, *Small-scale Wind Energy Policy Insights and Practical Guidance* (2008, p. 23), apresenta boas ilustrações e identifica os melhores locais e condições para o uso de turbinas eólicas, quer sejam instaladas sobre edificações, quer sejam independentes. O Energy Saving Trust recomenda que sejam feitos o registro e a avaliação da velocidade do vento ao longo de um ano antes que se decida investir na microgeração de energia eólica; e a associação de profissionais Renewable UK, em seu guia do consumidor *Generating Your Own Power* disponibiliza valores de produção sugerindo que uma microturbina de 1,5 kW possa produzir até mil quilowatts-hora anuais. O Departmento da Energia e Mudança Climática, do governo do Reino Unido, em um relatório intitulado *Energy Consumption in the UK* (2014, p. 7), afirma que uma residência típica no Reino Unido consome cerca de 4.200 quilowatts-hora por ano. Um comparativo de indicadores de consumo globais pode ser encontrado no *website* do World Energy Council. Muitos críticos desencorajam o uso de fontes de energia eólica de pequena escala; parques eólicos comerciais de grande escala e programas comunitários seriam as únicas soluções que apresentariam uma boa relação custo/benefício. Existe certo consenso de que as fontes eólicas de energia não são adequadas para os espaços urbanos, uma vez que apenas grandes conjuntos de turbinas, que demandam a disponibilidade de amplos terrenos, seriam fontes de energia realmente efetivas.

30. Fonte de energia renovável: o sol

Edwards, no *Rough Guide to Sustainability* (2014, pp. 122–131), apresenta um panorama atual em termos do uso de energia fotovoltaica. O autor defende o uso de coletores solares comunitários (para calefação, e não para a geração de eletricidade) para o aquecimento de grandes volumes de água, atendendo à demanda do inverno. Ele relembra que atualmente o custo do uso de energia fotovoltaica é relativamente alto em comparação com o da energia derivada de combustíveis fósseis e que ainda há muitos questionamentos pendentes a respeito da eficiência de longo prazo do uso de painéis fotovoltaicos. A obtenção de energia fotovoltaica, assim como de energia eólica, pode ser intermitente. Bokalders e Block, no *The Whole Building Handbook* (2010, seção 3.2.4), fornecem informações detalhadas e um bom embasamento a respeito da ciência e da aplicação de diferentes tipos de fotocélulas (também conhecidas como células fotovoltaicas). Pelsmakers, no *The Environmental Design Pocketbook* (2015, pp. 408 e 409), apresenta o relativamente novo painel fotovoltaico térmico, que produz tanto eletricidade como calor.

Stefan Bringezu *et al.*, no relatório *Towards Sustainable Production and Use of Resources: Assessing Biofuels* (2009, p. 13), escrito para um programa ambiental das Nações Unidas, confirmam que o crescimento populacional conduz a um aumento significativo do uso de terras para a agricultura e que, desse modo, seria necessário a ocupação adicional de solo para a produção de biocombustíveis. O relatório também discute o uso de água, reforçando que a agricultura global é atualmente responsável por 70% do consumo de toda a água potável e que o desenvolvimento de biocombustíveis elevaria ainda mais essa proporção. Uma mensagem importante é que qualquer análise de ciclo de vida deve necessariamente levar em conta as questões relativas à ecologia e ao uso de terras.

31 e 32. Cidades e fontes de energia eficientes, de baixa emissão de carbono

Hall e Nicholls, no *The Green Building Bible Volume* 2 (2006, Capítulo 2), descrevem em linhas gerais as fontes de energia renováveis disponíveis, em um relato amplo e útil, com alguns dados básicos de dimensionamento de sistemas. Clark, em *What Colour is Your Building?* (2013, Capítulo 7), fornece uma excelente estimativa das opções disponíveis para a obtenção de energia de fontes renováveis e de baixa emissão de carbono (para eletricidade e calefação). Embora o foco de Clark seja em fontes de energia para edificações de uso não doméstico, é provável que os princípios e temas abordados por ele sejam úteis e interessantes também para aqueles que trabalham em outras áreas. Informações a respeito de dimensionamento de sistemas são dadas para cada tipo. Pelsmakers, no *The Environmental Design Pocketbook* (2015, seção 11.4), discute a viabilidade econômica das diferentes fontes de energia e apresenta excelentes cálculos e listas de conferência para o projetista utilizar em sua avaliação da viabilidade de cada uma dessas fontes (Capítulo 12).

O calor gerado pelas usinas de geração de energia elétrica tradicionais normalmente é descartado, mas há modos de utilizá-lo. A cidade de Oslo opera uma usina de Resíduos para Energia – Waste-to-Energy (WTE) –, incinerando os resíduos da cidade e aquecendo seus edifícios públicos com a água superaquecida resultante desse processo. A demanda é maior do que a oferta, de tal modo que hoje a capital da Noruega, ironicamente, importa resíduos de outros países. Uma possível alternativa é obter energia a partir de aterros sanitários e existem debates a respeito dos prós e contras econômicos e ambientais de cada método. O artigo "Energy from waste: A guide to the debate" (2014, pp. 20–23), do Departmento do Meio Ambiente, Alimentação e Questões Rurais (DEFRA) do governo do Reino Unido, explica o debate de modo bastante claro, e afirma que Resíduos para Energia pode ser considerada uma solução ambiental mais adequada do que energia gerada a partir de aterros sanitários, desde que a usina seja eficiente, que os insumos de entrada de resíduos possam ser corretamente organizados e que haja disponibilidade suficiente de resíduos. Bokalders e Block, em *The Whole*

Building Handbook (2010, Seção pp. 345–351), discutem os resíduos produzidos pelos seres humanos, classificando os tipos de resíduos e as diversas técnicas de descarte e explicando, ainda, os princípios de incineração de resíduos com recuperação de energia.

Há consenso a respeito de muitas questões fundamentais na literatura sobre o assunto, que podem ser resumidas da seguinte maneira:

- A prioridade é a redução do consumo de energia
- É difícil utilizar fontes de energia renováveis nas cidades
- O investimento em sistemas externos, na escala do bairro, é a resposta, especialmente no que diz respeito à energia eólica e à cogeração de energia elétrica e térmica
- A energia eólica só é eficaz em grande escala, e não em cidades
- A biomassa pode competir com a produção de alimentos
- A energia térmica solar é, de modo geral, mais econômica do que fotovoltaica

33, 34 e 35. Escolhendo materiais sustentáveis

Materiais sustentáveis em geral

Não existe uma única metodologia fácil de usar para a escolha de materiais sustentáveis. Edwards, no *Rough Guide to Sustainability* (2014, Capítulo 6), discute os fatores que influenciam essa escolha, incluindo desempenho, disponibilidade, energia incorporada e a capacidade de reúso. Bokalders e Block, no *The Whole Building Handbook* (2010, Seção 1.1), disponibilizam uma excelente seção a respeito de critérios de seleção para materiais de construção, contendo tabelas úteis relacionadas aos elementos de construção que agrupam as opções sob os títulos "recomendado", "aceitável" e "a ser evitado". Os autores consideram dois fatores como fundamentais: a saúde dos usuários (com relação à composição química e às emissões) e o perfil ecológico do ciclo de vida dos materiais. A questão da certificação ambiental dos materiais de construção é tratada (p. 8). Uma lista de conferência de especificações de materiais sustentáveis também está disponível no livro de Pelsmakers, *The Environmental Design Pocketbook* (2015, pp. 196 e 197). Johan Van Lengen, no *The Barefoot Architect* (2008, pp. 296 e 297), também oferece uma lista de seleção, com ênfase nas escolhas práticas a serem tomadas em regiões com acesso limitado a recursos humanos e materiais.

Materiais renováveis e abundantes

Berge, em *The Ecology of Building Materials* (2009, Parte 1.1), confirma que o termo material renovável é, de um modo geral, empregado para designar materiais orgânicos, incluindo madeira e fibras. Muitos minerais, embora não sejam rigorosamente renováveis, possuem reservas amplas e duradouras, e tais minerais incluem pedra, terra, certos tipos de argila e cascalho. Edwards, no *Rough Guide to Sustainability* (2014, p. 165), acrescenta agregados e madeiras macias à lista de materiais abundantes e sugere que esses materiais sejam especificados no lugar de metais, plásticos e madeira de lei.

Materiais reutilizados, reciclados, de demolição e com baixa emissão de carbono

Clark, em *What Colour is Your Building?* (2013, p. 210), nos relembra de que aço e concreto possuem pegadas de carbono similares; portanto, deveríamos optar pelo aço reutilizado e também controlar a mistura de materiais no concreto para reduzir o conteúdo de carbono. Há uma seção bastante útil a respeito de materiais de construção (Capítulo 8) em que são sugeridas opções para a redução do carbono incorporado no aço, concreto, madeira, alvenaria e em janelas. O autor afirma (p. 187) que a redução na quantidade de cimento Portland é a chave para reduzir o carbono incorporado no concreto e (p. 194) que o aço reutilizado resulta em uma redução de 96% no impacto ambiental de um novo perfil. São fornecidas alternativas para tijolos e blocos de concreto, além de maneiras de reduzir o conteúdo de carbono incorporado na alvenaria (pp. 197 e 198). O Waste & Resources Action Programme (WRAP) possui um artigo bastante claro e fácil de ler a respeito da escolha de materiais alternativos de baixa emissão de carbono: "Folhetos informativos para clientes e projetistas de construções – Reduzindo o carbono incorporado em projetos de edificação", e clientes e projetistas na Europa continental deveriam solicitar uma Declaração de Produto Ambiental para encorajar os fornecedores a reduzir o carbono. Pelsmakers, no *The Environmental Design Pocketbook* (2015, pp. 205–207), descreve de modo detalhado as decisões e exigências para o uso de materiais de construção reaproveitados/reciclados e indica fontes de materiais de demolição no Reino Unido.

36. Obtenção de materiais locais e globais

Berge, no *The Ecology of Building Materials* (2009, p. 20), relata o caso de uma exportação de blocos de concreto leve da Noruega para a Coreia, resultando na utilização de três vezes mais energia para o transporte do que a energia incorporada inicial do material, e confirmado, desse modo, que materiais pesados devem ser obtidos nas imediações. Edwards, no *Rough Guide to Sustainability* (2014, p. 162), sugere que a distância razoável para a obtenção de materiais pesados não produzidos no local (por exemplo, pedras, agregados e tijolos) seja de dez quilômetros. Edwards acredita que a obtenção a partir de fontes internacionais de materiais e componentes leves e especializados combinada à obtenção regional de materiais pesados comuns irá constituir a base de uma nova arquitetura. Howard Liddell, em *Eco-minimalism - the Antidote to Eco-bling* (2013, p. 91), desafia as premissas comuns a respeito da obtenção de materiais locais, defendendo que cada material e sua aplicação devem ser considerados em seus próprios méritos, já que podem existir outras preocupações preponderantes, que se sobreponham às considerações a respeito da emissão de carbono no transporte. Pelsmakers, no *The Environmental Design Pocketbook* (2015, p. 204), comenta que pode ser justificável a obtenção de materiais reaproveitados e materiais leves novos de fontes um pouco distantes, mas não de uma distância superior a cem quilômetros. O autor nos relembra que as credenciais ambientais devem ser verificadas até mesmo para materiais locais, oferecendo uma excelente lista de conferência (pp. 196 e 197).

37. Adequação e durabilidade de materiais

Para uma boa visão geral das questões de durabilidade, Berge, no livro *The Ecology of Building Materials* (2009, pp. 10–13), discute a vida útil em relação à qualidade dos materiais, com ênfase na utilização de materiais adequados nos lugares apropriados. O livro *The Whole Building Handbook* (Seção 1.1.3), de Bokalders e Block, é organizado de tal modo que as avaliações e análises de materiais feitas pelos autores permite que o projetista procure rapidamente por materiais adequados para elementos específicos de um projeto. A umidade é discutida de modo detalhado (pp. 174–177), com causas e soluções, e os autores afirmam que 90% dos problemas de umidade, que são prejudiciais à saúde humana e às edificações, são causados por falhas na construção. Os níveis de estanqueidade ao vapor de água dos materiais e a migração de umidade também são tratados (pp. 104–106).

Uma visão geral das propriedades básicas, incluindo as propriedades de resistência às intempéries, dos materiais arquitetônicos mais usuais pode ser encontrada no livro *Materials for Architectural Design 2* (2014), de Victoria Ballard Bell e Patrick Rand. O livro é muito bem ilustrado com estudos de caso de caráter global, e os autores abrem cada seção específica a respeito de um material com os diversos fatores a serem levados em consideração.

Birkeland, em *Positive Development* (2008, p. 104), reforça que os materiais duradouros não renováveis e inorgânicos devem ser associados a uma alta energia incorporada e à geração de resíduos, e que a Terra leva uma era para se recompor após a retirada de tais materiais de sua crosta.

38 e 39. Consumo e conservação de água, reciclagem de águas servidas e captação de águas pluviais

Conservação de água e águas servidas

Sassi, em *Strategies for Sustainable Architecture* (2006, Capítulo 6), apresenta uma excelente visão geral a respeito das pressões exercidas sobre as reservas mundiais de água, bem como das estratégias para conservação e reúso de água. A redução da demanda é apontada como principal objetivo. Um sistema familiar de reciclagem de águas servidas, com um reservatório de 120 litros, confirma Sassi, pode economizar entre 25–30% da água utilizada por uma família de quatro pessoas. Detalhes a respeito do dimensionamento de sistemas de reciclagem de águas servidas podem ser encontrados no livro de Pelsmakers, *The Environmental Design Pocketbook* (2015, pp. 133–138). Somos, ainda, alertados para o fato de que a reciclagem de águas servidas pode ser uma fonte de aumento das emissões de CO_2 e de que aparelhos sanitários eficientes no consumo de água costumam apresentar também maior eficiência energética. Reduções significativas podem ser obtidas por meio da combinação entre escolhas adequadas de aparelhos sanitários e mudanças comportamentais. Os projetistas e responsáveis pelas especificações devem estar cientes de que alguns aparelhos sanitários que são bem cotados pelo seu baixo consumo energético não são eficientes em relação ao consumo de água, de modo que ambos devem ser avaliados e os aparelhos sanitários devem ser dimensionados para as necessidades dos usuários. Dicas práticas para redução do consumo doméstico de água podem ser encontradas no *website* Waterwise. Bokalders e Block, no *The Whole Building Handbook* (2010, p. 21), descrevem a recuperação de calor a partir de águas de esgoto por meio da utilização de um simples permutador de calor, e a conservação de água também é discutida (p. 227).

No Reino Unido, a Agência Ambiental nos informa que o consumo médio de água em uma residência é de 163 litros diários por pessoa. Dados sobre o consumo de água em vários países, com valores fornecidos pelas Nações Unidas, podem ser encontrados no *website* Data 360. Os Estados Unidos consomem 575 litros diários por pessoa, a Austrália, 500 litros e a China, 86 litros. Na Austrália e nos Estados Unidos, entre aproximadamente 50% e 70% dessa água são usados no ambiente externo, enquanto no Reino Unido, conforme Sassi, em *Strategies for Sustainable Architecture* (2006, p258), quase toda a água é utilizada no ambiente interno. Fatos e valores relativos à crise mundial de água podem ser encontrados no *website* da Wateraid.

Água incorporada

Liddell, no livro *Eco-minimalism* (2013, p. 53), discute a "água incorporada" e utiliza como exemplo o alto conteúdo de água incorporada do papel (cem vezes mais do que a quantidade de água necessária para processar madeira e cinquenta vezes mais do que a quantidade necessária para o aço).

Captação de águas pluviais

O livro de Haggard *et al.*, *Passive Solar Architecture Pocket Reference* (2009, pp. 71 e 72) oferece orientações práticas de captação de águas pluviais, para gestão de secas e enchentes, além de sugestões para seu aproveitamento. Os autores disponibilizam a seguinte equação de captação de águas pluviais em espaços verdes:

Coleta de água (m^3) = Área de coleta (m^2) × Incidência de chuvas anuais (mm) × Coeficiente de escoamento superficial (0,8)

(Observe que 1 m^3 = 1 mil litros)

Ritchie e Thomas, no livro *Sustainable Urban Design* (2009, pp. 80–85), consideram os benefícios de um projeto comunitário de coleta de águas pluviais – relembrando que a contaminação da água da chuva pela poluição do ar e por outros poluentes deve ser levada em conta e que as variações sazonais de incidência de chuvas devem ser consideradas. Para obter informações detalhadas a respeito de sistemas de captação de águas pluviais e dados necessários para cálculo de dimensões, consulte o livro *The Environmental Design Pocketbook* (2015, Seção 5.6), de Pelsmakers. Kwok e Grondzik, no *The Green Studio Handbook, Environmental Strategies for Schematic Design* (2007, pp. 245 e 246), fornecem um gráfico para estimar o escoamento da área de captação e descrevem um problema típico. O uso da água pluvial pode ser mais apropriado para edifícios comerciais, que demandam mais água para descarga de bacias sanitárias do que propriedades domésticas e possuem, ainda, áreas de cobertura mais amplas para coleta. O período necessário para que qualquer sistema traga benefícios deve ser estudado.

40. Redes de esgoto e drenagem sustentáveis

Uma combinação de elementos de captação de águas pluviais presentes na paisagem (tais como biodigestores, canais, lagos, bacias de detenção, lagoas pluviais, coberturas verdes e jardins de chuva) com frequência formam parte de um Sistema de Drenagem Urbana Sustentável. Um dos principais propósitos de um Sistema de Drenagem Urbana Sustentável é reduzir o escoamento superficial da água, permitindo que a água da chuva seja reabsorvida pelo ciclo hidrológico e reduzindo a pressão sobre as redes de esgoto mais utilizadas para escoamento da água superficial. Pelsmakers, em *The Environmental Design Pocketbook* (2015, pp. 124–126), descreve e ilustra um sistema desse tipo. Bolkalders e Block, em *The Whole Building Handbook* (2010, Seção 4.1.2), fornece informações adicionais, muito bem ilustradas, sobre hidrologia, além de propostas detalhadas de projetos para superfícies permeáveis de escoamento e, ainda, dá conselhos para manejo da neve.

41. Áreas virgens ou recuperadas?

Pelsmakers, em *The Environmental Design Pocketbook* (2015, p. 62), alerta para o paradoxo de que, embora esteja vazia e já tenha sido utilizada previamente, uma área recuperada pode ter desenvolvido considerável diversidade. Um dos critérios para o desenvolvimento sustentável propostos por Williams, no livro *Sustainable Design* (2007, p. 20), estabelece que novos projetos deveriam, em condições ideais, ser construídos em terrenos contaminados recuperados dentro de áreas urbanas, ainda que reconheça que tais locais devem ser previamente limpos. Edwards, no *Rough Guide to Sustainability* (2014, pp. 179–181), acrescenta que, para que seja possível reutilizar os 20% das áreas urbanas inutilizadas, é necessário um esforço combinado dos setores público e privado. As vantagens presentes no uso de terrenos contaminados recuperados são descritas por Sassi no livro *Strategies for Sustainable Architecture* (2006, seção 1.1, tabela 1.1.3, p. 17), juntamente com outro aviso a respeito da importância da gestão da limpeza. Bolkalders e Block, no *The Whole Building Handbook* (2010, p. 517), descrevem os métodos complexos e dispendiosos utilizados para o restauro de terrenos contaminados, lembrando que existem três abordagens básicas para se lidar com qualquer solo contaminado:

- Remoção a um aterro sanitário
- Limpeza no local
- Remoção, descontaminação e recolocação

André Viljoen *et al.*, no livro *Continuous Productive Urban Landscapes: Designing Urban Agriculture for Sustainable Cities* (2005, p. XIX), afirmam que terrenos contaminados recuperados são adequados para agricultura urbana.

42. Eliminar os resíduos de construção

Ritchie, em *Sustainable Urban Design* (2009, Capítulo 9), define o problema: estamos acostumados com uma sequência linear de atividades quase invisível, enquanto o processo sustentável deveria ser cíclico, com recursos sendo devolvidos às etapas de construção para serem utilizados em outros projetos. Edwards explora maneiras de projetar para a redução de resíduos no *Rough Guide to Sustainability* (2014, pp. 172–174), apresentando as seguintes propostas como principais: garantir que a geração de resíduos esteja fora do projeto, especificar a porcentagem mais alta possível de conteúdo reciclado em materiais e componentes, especificar materiais reutilizados quando for possível e projetar para um desmonte fácil. A Royal Institution of Chartered Surveyors, em um artigo de procedimentos intitulado "Strategies for Reducing Construction Waste to Landfill in the UK" (2012), registrou duas descobertas fundamentais:

- Um terço dos resíduos da indústria de construção presentes nos aterros deriva de decisões do arquiteto
- As maiores fontes de geração de resíduos por empreiteiros continuam sendo o depósito e o manuseio inadequados de materiais

O *website* do WRAP (Waste & Resources Action Programme) é organizado e apresenta seções úteis a respeito de como prevenir e reduzir a produção de resíduos. Bolkalder e Block, no *The Whole Building Handbook* (2010, p. 6), nos incentivam a garantir que, durante a fase de transporte de materiais, os distribuidores recolham o material utilizado para as embalagens. Birkeland, em *Positive Development* (2008, Capítulo 4), desafia a abordagem convencional utilizada para lidar com os resíduos a partir de um ponto de vista holístico, centrado na ecologia.

43. Pensar "de trás para a frente"

Michael Braungart e William McDonough inicialmente propuseram um novo modo de pensar sobre os processos de projeto em seu livro influente e bastante acessível *Cradle to Cradle - Remaking the Way we Make Things* (2009). A ideia, aplicada ao projeto, construção e demolição de edificações, é que no final de sua vida útil, um prédio (e qualquer outro produto manufaturado) seja capaz de, por meio de um bom projeto, ser desmontado em partes constituintes e recursos novamente úteis, sem que haja perda ou desperdício. Edwards explica os processos frequentemente denominados de análise do ciclo de vida, no livro *Rough Guide to Sustainability* (2014, pp. 65–70). Ao considerarmos como um todo os fluxos de vida, energia e resíduos dos materiais, podemos determinar e amenizar os impactos ambientais desde o início. O futuro do projeto sustentável está relacionado ao desenvolvimento das técnicas de BIM, Building Information Modelling, nas quais as complexidades de instalação coordenada, montagem e desmontagem dos materiais e componentes podem ser prontamente analisadas e o bom projeto pode prever e planejar modos de desconstrução e reúso.

44. Os quatro "Rs"

Liddell, no livro *Eco-minimalism* (2013, pp. 39 e 40), simplesmente afirma que a reciclagem é o último recurso. Pelsmakers, no *The Environmental Design Pocketbook* (2015, pp. 204–209), oferece um relato conciso com recomendações a respeito da adequação de materiais de construção para reúso e reciclagem, incluindo também nessa seção uma excelente lista de conferência de "Projeto para desmontagem". A ideia de desmontagem (algumas vezes também chamada de "desconstrução") está ganhando terreno, pois está associada às abordagens que envolvem o ciclo de vida no projeto, construção, desmanche e reúso de edificações e seus componentes. O reúso (em vez de reciclagem) de tijolos e outros materiais de construção é o tema do *Green Building Handbook*, escrito por Woolley *et al.* (1997, p. 59). Os autores ressaltam que a energia armazenada em um tijolo será mantida se ele for reutilizado, mas perdida se for moído para uso como agregado.

A redução do uso de recursos e a reciclagem de material descartado da produção são assuntos do livro *The Ecology of Building Materials* (2009, Parte 1.1), de Berge. O autor escreve a respeito das vantagens dos componentes convencionais feitos de apenas um material (pp. 16 e 17) no sentido da facilidade de reúso e da redução do desperdício. Ele trata também das possibilidades de desmontagem das diferentes "camadas" das instalações, estruturas e vedações externas (a pele da edificação), que precisam de renovações em fases diferentes da vida de uma edificação. O urbanista Stephen Wheeler, no livro *Planning for Sustainability* (2013, p. 121), propõe mais "Rs": readaptação, reflexão, reconsideração, resistência e redistribuição.

CAPÍTULO 3. TRABALHANDO EM HARMONIA COM O MUNDO NATURAL

45 e 46. Ecologia e biodiversidade

A Assembleia Geral das Nações Unidas declarou o período de 2010-2020 como a década da biodiversidade, clamando por um período de esforço internacional para lidar com a perda de espécies e os danos aos ecossistemas. Não faz muito tempo que o secretariado da Convenção sobre Diversidade Biológica das Nações Unidas lamentou o fato de que poucas pessoas realmente sabiam o que significava biodiversidade, em parte porque a linguagem utilizada para descrevê-la (até mesmo pela própria Convenção sobre Diversidade Biológica) era ininteligível. Esse assunto imenso e complexo está se tornando mais claro, e o biólogo John Spicer, no livro *Biodiversity: a Beginner's Guide* (2006, p. 2), cuidadosamente sintetiza a miríade de definições de biodiversidade na frase "a variedade da vida". Biodiversidade (diversidade biológica) também é descrita como um reflexo do número e da variedade de organismos vivos em um ecossistema. A Convenção sobre Diversidade Biológica, e seu excelente *website*, contém uma ampla gama de fontes de informações a respeito de biodiversidade e ecossistemas. A perda de biodiversidade foi bem explicada no livreto bastante acessível da Convenção sobre Diversidade Biológica denominado *Sustaining Life on Earth* (2000, pp. 5 e 6). A importância do conhecimento e das práticas tradicionais é revelada (p. 15), e continua sendo verdade a constatação de que as populações indígenas compreendem e dependem fortemente da biodiversidade. Os "bens e serviços" fornecidos pelos ecossistemas estão listados no folheto *Living in Harmony with Nature* (2010, p. 2), no *website* da Convenção sobre Diversidade Biológica 2010-2020, e incluem: fornecer alimento, combustível e fibras, além de prover materiais para abrigo e construção.

Os ecossistemas terrestres existem na ecosfera, e os cientistas descrevem os quatro domínios mais reconhecíveis que compõem a ecosfera como:

- Atmosfera - a camada gasosa
- Biosfera - todas as formas de vida na Terra
- Hidrosfera - toda a água
- Geosfera - a matéria sólida da Terra

Biodiversidade significa diversidade genética, de espécies e ecossistemas, e é claro que os ecossistemas dos quais dependemos são mantidos pela biodiversidade. Naeem Shahid *et al.*, em *The Functions of Biological Diversity in an Age of Extinction* (2012), examinam as condições de seu complexo campo, que procura compreender as relações entre a biodiversidade e o funcionamento dos ecossistemas. Christina Von Borcke, em *Sustainable Urban Design* (editores Ritchie e Thomas, 2009, pp. 34–36), discute a importância da diversidade de espécies vegetais, que atraem a fauna, e nos recorda que deveríamos ter como objetivo a criação de *habitats* variados tanto dentro das cidades quanto conectando nossas edificações e cidades. Espécies nativas e locais com frequência são mais bem-sucedidas em atrair a fauna e resilientes às condições climáticas da região. A importância da conectividade entre os *habitats* é discutida por muitos autores, incluindo Anne Beer e Catherine Higgins que, em *Environmental Site Planning for Site Development - A Manual for Sustainable Local Planning and Design* (2000, p. 297), consideram o uso de sistemas existentes, tais como os corredores fluviais. As autoras explicam como um espaço verde recreativo aperfeiçoado também pode contribuir para enriquecer a biodiversidade. As "ecopassagens" são descritas no excelente manual técnico de Kelly Gunnell *et al.*, *Designing for Biodiversity: A Technical Guide for New and Existing Buildings* (2013, p. 28), que também disponibiliza um bom glossário. Considerações ecológicas detalhadas a respeito dos movimentos dos animais e plantas nas áreas urbanas podem ser encontradas no trabalho pioneiro de Richard Forman, *Urban Ecology - Science of Cities* (2014, Capítulo 3).

47. Os resíduos

No Capítulo 4 do livro pioneiro *Cradle to Cradle - Remaking the Way we Make Things* (2009, pp. 92–117), Braungart e McDonough propõem que o próprio conceito de resíduo deve ser removido de nossos processos industriais e que os subprodutos de uma indústria devem ser considerados como matéria bruta para outra, de modo semelhante ao que acontece na natureza. Essas soluções, por vezes conhecidas como "do berço ao berço", envolvem o tipo de pensamento que compõe a mensagem fundamental do livro de Desai e Riddlestone, *Bioregional Solutions For Living on One Planet* (2007). O Capítulo 1 (pp. 15–23) apresenta as questões e introduz algumas inovações inspiradoras que mais tarde são detalhadas ao longo do livro. A noção de resíduo como um recurso é comumente descrita como um princípio biomimético (veja a Regra 52).

48. Os ecossistemas regulam o clima

O clima na Terra é fisicamente regulado pelos ecossistemas. O Biodiversity Information System for Europe (BIDE) afirma que a regulação climática é um dos serviços mais importantes dos ecossistemas, uma vez que os ecossistemas terrestres - incluindo as florestas de vegetação decídua (caduca), as taigas (florestas de coníferas), os prados, desertos e turfas - sequestram até 12% das emissões de carbono antrópicas na Europa. A relação entre o carbono e o controle de temperatura global é cuidadosamente explicada em um artigo escrito por Holli Riebeek no *website* do Observatório Terrestre da NASA (earthobservatory.nasa.gov), intitulado "The Carbon Cycle" (2011). O *site* da NASA é um repositório de muitos relatórios e artigos úteis, incluindo o de Michael Carlowicz e Robert Simmon, intitulado "Seeing Forests for the Trees and the Carbon: Mapping the World's Forests in Three Dimensions" (2012), no qual os autores confirmam que as florestas armazenam globalmente cerca de 45% de todo o carbono presente sobre a superfície do planeta. Pelsmakers, no *The Environmental Design Pocketbook* (2015, pp. 9–11), explica de modo sucinto os mecanismos que relacionam o carbono natural e o antrópico com as mudanças climáticas. Os oceanos também armazenam CO_2, e, no artigo "How Much CO_2 Can the Oceans Take Up?" (2013), Robert Monroe, escrevendo no *website* do Scripps Institution of Oceanography, investiga o sequestro de carbono pelos oceanos do planeta.

49. Edificações neutras para o clima – materiais que armazenam carbono

Metade da massa da madeira é carbono, criado por meio da fotossíntese e armazenado no interior da árvore. Berge, no livro *The Ecology of Building Materials* (2009, p. 35), nos convida a maximizar a quantidade de material de construção de origem vegetal como forma de utilizar um sequestrador de carbono natural. Além de grandes elementos de madeira, outros materiais e métodos de base vegetal são discutidos em detalhes (pp. 272–297), incluindo:

- produtos derivados de madeira, tais como isolamentos compostos de serragem
- musgos e gramíneas
- fardos de palha
- turfa
- celulose

O capítulo apresenta ricas informações a respeito das características e usos dos materiais, bem como opções para o emprego de tais produtos como aditivos retardantes de foto e repelentes de água. Na Europa continental, sistemas de construção como o Brettstapel, que usa madeira de baixa qualidade para produzir painéis estruturais sem cola ou pregos, estão se tornando mais comuns.

Outras inovações promissoras nessa área são descritas no artigo "Carbon Capture Pilot Turns CO_2 into Green Building Materials" (agosto de 2013) na revista on-line *Environmental Leader*. Nesse caso, o assunto é o sequestro de carbono em tijolos e lajes de calçamento. ClimateTechWiki, em um artigo a respeito de materiais sequestradores de carbono, discute, além da madeira:

- tijolos de baixo conteúdo de carbono – utilizando 40% de poeira de borralho
- concreto sustentável (ecológico) – substituindo o cimento e os agregados por materiais reciclados e resíduos
- azulejos ecológicos – feitos com resíduos de vidro
- metais reciclados
- bambu

50. As espécies dependentes de edificações

Gunnell *et al.*, em *Designing for Biodiversity: A Technical Guide for New and Existing Buildings* (2013), fornecem uma visão geral do papel desempenhado pelas edificações na manutenção da diversidade, e fazem um comentário detalhado a respeito das necessidades e ameaças das espécies dependentes de edificações. São dadas soluções técnicas contemporâneas, além de uma ampla gama de referências para obter maiores informações sobre o tema. Pelsmakers, no *The Environmental Design Pocketbook* (2015, pp. 100–103), disponibiliza uma lista detalhada de recomendações de projeto para os anfíbios, aves, mamíferos e insetos de alta prioridade no Reino Unido. Diversas informações internacionais a respeito de morcegos podem ser encontradas no Bat Conservation International e, no Reino Unido, no Bat Conservation Trust.

51. Densidade e natureza

Quando o Banco Mundial promoveu um fórum, em 2012, baseado no conceito de "cidade inteligente" (Cidades Inteligentes para Todos), comparando a cidade norte-americana de Atlanta (grande e dispersa) com a cidade de Barcelona na Espanha (densa e compacta), o resultado foi um argumento em favor de cidades de alta densidade e menor ocupação do terreno, com foco no transporte. A mensagem central de Vishaan Chakrabartily, em sua proposição bem fundamentada e ilustrada *A Country of Cities* (2013), é a necessidade de densidade urbana. Stephen Wheeler, outro urbanista, no essencial *Planning for Sustainability* (2013, pp. 137–143), ao mesmo tempo que também se posiciona a favor da densidade, discute as vantagens e desafios tanto de cidades compactas como de cidades dispersas, além de abordar o preenchimento de vazios urbanos. Wheeler defende que um dos objetivos fundamentais da sustentabilidade no futuro deve ser a preservação de espaços verdes (p. 140). Desai e Riddlestone, em *Bioregional Solutions For Living on One Planet* (2007, p. 75), alertam para as ameaças potenciais da densidade urbana, mencionando corretamente a grande demanda de recursos, problemas com o transporte, gestão de resíduos e da poluição. Baruch Givoni, no livro *Climate Considerations in Building and Urban Design* (1998, p. 291), reconhece que os efeitos da densidade urbana são conflitantes: benefícios no transporte e infraestruturas são contrapostos a obstáculos para a ventilação e à redução de iluminação natural. Liddell, em *Eco-minimalism*, cita o exemplo da cidade de Berlim, onde metade da área de ocupação de qualquer novo empreendimento deve ser reservada para espaços verdes biodiversos (2013, p. 88). Os benefícios sociais, econômicos e ambientais da introdução da natureza nas cidades são cuidadosamente registrados por Pelsmakers em *The Environmental Design Pocketbook* (2015, p. 87). Adams, em *Eco-Urbanity* (editor Radovic, 2009, pp. 40–42), oferece um útil relato dos motivos pelos quais a densidade é essencial, incluindo:

- A redução da perda de terras agrícolas
- A redução das distâncias de viagem e disponibilização de transporte público
- A otimização de infraestruturas dispendiosas (rodovias, redes públicas)
- A redução do consumo de energia

52. Lições da natureza e biomimetismo

Petra Gruber, no interessante e detalhado livro *Biomimetics in Architecture – Architecture of Life and Buildings* (2011, pp. 13-17), define o tema e fornece um útil conjunto de explicações a respeito dos termos utilizados em relação à ciência e à arte de buscar inspiração na natureza e aplicá-la na arquitetura. A autora explica as relações entre a natureza e a tecnologia por meio da teoria e prática do biomimetismo (ou biomimética). Michael Pawlyn, em sua abordagem do assunto no livro *Biomimicry in Architecture* (2011), examina muitos exemplos inspiradores de processos, estruturas e formas naturais. Edwards, em um excelente ensaio no *Rough Guide to Sustainability* (2014, pp. 185–191), discute nosso distanciamento da natureza e as lições que poderíamos aprender utilizando seus modelos bem-sucedidos como base para um bom projeto.

53. As zonas climáticas mundiais

Robert Henson, no livro *Rough Guide to Weather* (2007, pp. 43–47), apresenta uma visão geral da história da definição das zonas climáticas e uma explicação simples a respeito dos mecanismos do clima. Hocine Bougdah e Stephen Sharples, em seu livro *Environment, Technology and Sustainability* (2010, pp. 14 e 15), fornecem descrições úteis e sucintas das condições comumente encontradas em cada uma das regiões climáticas descritas. Givoni, no profundo trabalho científico *Climate Considerations in Building and Urban Design* (1998, pp. 333-441), acrescenta um quinto clima (invernos-frios/verões-quentes) aos quatro climas usuais e descreve as adaptações necessárias para esse tipo de clima. Estratégias detalhadas para lidar com os fatores climáticos podem ser encontradas no livro lindamente ilustrado de Brown e DeKay, *Sun, Wind and Light: Architectural Design Strategies* (2001). Estudos de sensibilidade ao clima podem ser feitos por meio de muitos dos pacotes de software mais comuns, e a *Climate Consultant 5* – uma ferramenta desenvolvida pela Universidade da Califórnia, em Los Angeles (UCLA), na qual são inseridos arquivos de dados climáticos – é intuitiva e fornece respostas arquitetônicas gráficas.

Os fatores mínimos a considerar em um estudo preliminar do clima de uma região incluem:

- horas de luz diurna e de sol
- amplitude térmica diária e ao longo das estações do ano
- precipitações (chuva e neve)
- umidade
- ventos (direção e velocidade, diárias e sazonais)
- vegetação apropriada

54. Aprenda com as soluções vernaculares

Williams, em *Sustainable Design* (2007, Capítulo 5), recorda que, historicamente, as comunidades naturalmente respondem às características do ambiente local, criando as condições de que necessitam para prosperar. O autor faz referência a muitas soluções vernaculares relevantes, ao mesmo tempo que explica um método útil de análise do terreno para responsividade climática ao ambiente. Wheeler, em *Planning for Sustainability* (2013, p. 32), é mais uma das pessoas que advoga em favor de abordagens que aprendem com as populações nativas. O autor salienta que há muitos que consideram tais abordagens como sendo simplesmente românticas ou idealistas. Contudo, no livro *Lessons from Vernacular Architecture: Achieving Climatic Buildings by Studying the Past* (2014), os editores Willi Weber e Simos Yannas reúnem uma série de estudos de caso recentes que apresentam provas de que as soluções vernaculares ainda podem servir de fonte de inspiração para inovações arquitetônicas atuais.

Bokalders e Block, em *The Whole Building Handbook* (2010, pp. 665–668), falam a respeito da história de soluções tradicionais e regionais, em especial nos climas frios. Os autores fazem referência ao livro de Bernard Rudofsky, *Architecture Without Architects: A Short Introduction to Non-Pedigreed Architecture* (1981), que continua sendo um clássico da literatura nessa área. O livro maravilhosamente ilustrado de Van Lengen, *The Barefoot Architect* (2008), que enfoca o Hemisfério Sul, contém muitos exemplos de técnicas e aplicações tradicionais.

55. A atmosfera e a camada climática

O Jet Propulsion Laboratory, da NASA, no California Institute of Technology, afirma que a exosfera, a camada mais externa da atmosfera terrestre, possui uma extensão de até 100 mil quilômetros, mas a linha Kármán, a cem quilômetros da superfície da Terra, costuma ser considerada como a fronteira entre a atmosfera e o espaço. Quase todas as condições climáticas do planeta existem na troposfera, que possui uma altura de cerca de sete quilômetros nos polos e dezessete ou dezoito na Linha do Equador. A camada de ozônio está situada na estratosfera, cujo limite é a estratopausa, a cerca de cinquenta quilômetros de altitude. O livro *The Rough Guide to Weather* (2007), de Henson, contém informações mais detalhadas a respeito da natureza da atmosfera e sua relação com as condições climáticas, bem como debates a respeito dos danos causados pelos seres humanos à camada de ozônio. As relações entre a atmosfera e as mudanças climáticas são descritas de modo conciso (pp. 150–168). O autor também explica o impacto dos CFCs (clorofluorcarbonetos) sobre a camada de ozônio (pp. 165–167). Gething e Puckett, em *Designing for Climate Change* (2013), apresentam de modo sucinto a relação entre o CO_2, as mudanças climáticas e os cenários futuros do clima, e, então, por meio de uma série de estudos de caso contemporâneos, identificam diversas abordagens de projeto que visam a mitigar os efeitos do clima.

56, 57 e 58. Climatologia urbana e a ilha de calor urbana

Em regiões mais quentes, a saúde e o bem-estar podem ser particularmente afetados pelas elevadas temperaturas no período noturno (causadas tanto pelo armazenamento de energia solar quanto pelo calor produzido por fontes humanas) e pelos efeitos nocivos que tais temperaturas produzem nos padrões de sono. Por outro lado, a ilha de calor urbana pode trazer benefícios no inverno e em climas frios. O efeito da ilha de calor urbana pode, portanto, exercer influências negativas ou positivas, dependendo do clima, da região e da estação do ano em que venha a ocorrer. Bokalders e Block, no *The Whole Building Handbook* (2010, p. 544), ao escreverem sobre as cidades em climas frios, afirmam que a temperatura urbana no inverno pode ser entre 5°C e 10°C mais elevada do que nas zonas rurais ao seu redor. Haggard *et al.* também disponibilizam alguns dados e fatos a esse respeito no livro *Passive Solar Architecture Pocket Reference* (2009, p. 18): a urbanização, conforme os autores, ocasiona redução nas cargas de calefação (entre 1°C e 2°C), redução da radiação solar (entre 15% e 20%), aumento nas chuvas (entre 5% e 10%) e aumento da nebulosidade (5% a 10%). Climatização artificial (para esfriamento em cidades quentes) é citada como sendo um dos principais responsáveis pela produção do efeito de ilha de calor urbana, por esses e por outros autores; o efeito da ilha de calor urbana aumenta a necessidade de climatização, o que, por sua vez, amplifica esse fenômeno. A climatologia urbana e o efeito da ilha de calor urbana são muito bem explicados por Givoni em *Climate Considerations in Building and Urban Design* (1998, pp. 241–244), e Givoni ressalta que esse efeito é essencialmente um fenômeno noturno e sentido de modo mais intenso nas noites limpas e calmas. Givoni identifica os principais fatores que contribuem para produzir o efeito da ilha de calor urbana:

- Uma menor taxa de esfriamento noturno, se comparada à das zonas rurais em seu entorno
- A liberação durante o período noturno da energia solar acumulada na massa da cidade e de suas edificações ao longo do dia
- Uma ocorrência menor de evaporação na cidade (reduzindo os efeitos do resfriamento por evaporação)
- O calor antropogênico nas cidades (transportes, indústria)
- Fontes de calor sazonais, tais como calefação e climatização, as quais liberam energia na cúpula de ar urbana

Os efeitos mais amplos do clima urbano e o efeito da ilha de calor urbana são discutidos com mais profundidade por Ritchie, no livro *Sustainable Urban Design* (2009, p. 6). Ritchie nos recorda a respeito do aumento da poluição atmosférica, da pressão sobre os sistemas de esgoto e das dificuldades para se obter o resfriamento natural em noites quentes de verão. No Capítulo 4 do mesmo livro (2009, p. 31–33), a influência positiva da paisagem urbana no microclima de uma cidade é abordada por Von Borcke. Uma explicação mais detalhada a respeito da conexão entre as cidades e as mudanças climáticas é dada por Edwards no *Rough Guide to Sustainability* (2014, pp. 9–13), e, quanto a esse ponto, o autor afirma que o aumento da produção de CO_2 é resultado direto da urbanização. Embora a maior parte das pesquisas tenha sido concentrada nas regiões de cidades de clima temperado com bairros periféricos destinados à agricultura – o que restringe, até certo ponto, nosso conhecimento –, Givoni, em *Climate Considerations in Building and Urban Design* (1998, pp. 245 e 246), estabelece aspectos da elevação da temperatura que os seres humanos podem controlar:

- A cor (o efeito albedo – ver a regra 66)
- A vegetação, que pode reduzir as temperaturas urbanas
- A energia utilizada para resfriamento
- As perdas térmicas da edificação, que são, em geral, fortemente influenciadas pelo desempenho térmico
- A densidade do tecido urbano, que afeta a quantidade de radiação solar que atinge o solo
- A orientação das ruas em relação à direção do vento, o que influencia sua velocidade

59. Indicadores climáticos para o planejamento urbano

Bokalders e Block, em *The Whole Building Handbook* (2010, Seção 4.1.4), afirmam que a temperatura é influenciada pela topografia, pela proximidade do litoral e pela densidade de edificações e que a influência moderadora de temperatura de um grande corpo de água será de poucos graus (p. 543). Os autores também propõem que as edificações sejam implantadas nos locais mais quentes nas regiões climáticas mais frias, tais como as áreas em que a neve derrete primeiro na primavera. Givoni, em *Climate Considerations in Building and Urban Design* (1998, pp. 267–280), fornece mais detalhes, discute os efeitos da topografia no vento e na chuva, afirmando que os efeitos atenuadores de temperatura de grandes corpos de água, tais como oceanos e grandes lagos, pode atingir uma distância de até vinte quilômetros da costa. Givoni afirma que o controle das condições do vento oferece o maior potencial entre todas as possíveis intervenções para modificar o clima das cidades, influenciando tanto o conforto humano quanto o consumo de energia (pp. 256–266).

Beer and Higgins, em *Environmental Site Planning for Site Development* (2000, pp. 66–91), oferecem um excelente resumo dos fatores climáticos e microclimáticos para a implantação sustentável de uma edificação, incluindo quais as informações que o projetista deve reunir.

De volta à escala global, no livro de fácil compreensão que registra o ponto de vista utópico de Richard Register, *EcoCities: Rebuilding Cities in Balance with Nature* (2006, Capítulo 11), encontramos ilustrações de cidades imaginárias em três diferentes regiões climáticas do globo, indicando suas soluções propostas para o sol, o vento e a luz diurna.

60. Separação entre edificações, para possibilitar a passagem de sol, luz e vento e gerar energia

As regras básicas de distanciamento entre edificações são as mais difíceis de identificar, uma vez que dependem da latitude. Além disso, não há divisões universais para definir os limites de latitudes altas, médias e baixas. Paul Littlefair, em *Passive Solar Urban Design: Ensuring the Penetration of Solar Energy into the City* (1998), é um dos poucos pesquisadores que procura definir tais separações utilizando elevações solares (graus do sol sobre o horizonte) com base em faixas de latitude altas, médias e baixas. Nesse livro, as faixas de latitude são explicadas com base nas definições amplamente aceitas:

- Latitude alta = 60° ou mais de latitude magnética
- Latitude média = entre 50° e 60° de latitude
- Latitude baixa = menor que 50°

Outros autores estabelecem a separação ao relacionar a altura das edificações ao distanciamento entre elas. Os dois métodos podem ser úteis como ponto de partida para um projetista, então esse autor oferece regras básicas tanto para graus de latitude quanto para distanciamento. O projetista deve usar o método mais vantajoso nas etapas iniciais do projeto, lembrando que o posicionamento urbano e outros aspectos ambientais (como proteção do vento, por exemplo) não devem ser negligenciados.

Brown e DeKay, no livro *Sun, Wind and Light: Architectural Design Strategies* (2001, p. 119), disponibilizam uma tabela que permite que o projetista deduza as distâncias apropriadas entre unidades de edificação paralelas para insolação e ganho solar em latitudes variadas. Há diagramas mostrando os efeitos de sombreamento em diferentes configurações de espaço e orientações de vias urbanas (p. 129). As influências gerais exercidas pela largura e pela orientação das vias urbanas em diferentes regiões climáticas são explicadas por Givoni em *Climate Considerations in Building and Urban Design* (1998, pp. 286–290). Bokalders e Block, em *The Whole Building Handbook* (2010, Seção 4.1.4), apresentam uma proposta útil para o desenvolvimento residencial na Escandinávia (p. 538), indicando quais espaços necessitam de determinada quantia de luz solar e quando. Com base nos equinócios, o projetista é indicado a disponibilizar:

- para cozinhas e salas de estar: quatro horas
- para balcões: quatro horas após o meio-dia
- para áreas de lazer abertas a uma distância de até 50 m das entradas das edificações: cinco horas entre as 9h00 e as 17h00.

61. Anteparos urbanos para insolação

Em alguns casos, os espaçamentos discutidos na Regra 60 são inatingíveis – mas há soluções para os efeitos da densidade urbana e Pelsmakers, em *The Environmental Design Pocketbook* (2015, p. 79), fornece um detalhado conjunto de recomendações para o projeto de "anteparos urbanos". O autor também salienta que um aumento na complexidade da forma produz uma área de superfície adicional, que deve ser compensada com um maior isolamento das vedações externas. Ritchie e Thomas, em *Sustainable Urban Design* (2009, pp. 46–49), discutem densidade, distanciamento e forma em relação ao consumo de energia – e, ao fazê-lo, nos lembram de que o simples cuidado em posicionar edificações mais altas ao norte de um local (ou ao sul, no Hemisfério Sul) preserva a insolação.

62. Vedações externas como modificadores climáticos

Givoni, em *Climate Considerations in Building and Urban Design* (1998, Capítulos 10–13), fornece uma avaliação detalhada das condições em cada uma das cinco regiões climáticas e das exigências gerais de desempenho das vedações externas de uma edificação. O trabalho de Givoni teve grande influência sobre o Capítulo 5 do primeiro livro dessa série, *101 Regras básicas para uma arquitetura de baixo consumo energético* (2012), que explica e ilustra questões climáticas relativas às vedações externas – incluindo os tipos de vidraças a serem levados em conta, onde uma massa termoacumuladora será benéfica e os tipos e usos de aberturas e elementos integrados, tais como elementos de proteção solar e coletores de vento. Van Lengen, no livro *The Barefoot Architect* (2008), lida com métodos simples e práticos de construção para regiões quentes e secas, úmidas e temperadas situadas no Hemisfério Sul. Ele disponibiliza uma ampla gama de detalhes ricamente ilustrados a respeito de materiais, estruturas, vedações externas e aberturas.

63. O corte

Lorraine Farrelly, em *Representational Techniques* (2008, pp. 78–81), descreve o corte como um dos desenhos mais úteis em arquitetura. O corte é uma ferramenta fundamental do projeto, sem o qual o projetista não será capaz de explorar plenamente as possibilidades espaciais. Além de ser o desenho que estabelece a ligação entre as plantas bidimensionais e os volumes tridimensionais e entre exterior e interior, o corte é o formato mais utilizado para explicar os aspectos ambientais e sustentáveis de um projeto. Francis Ching, no livro essencial *Architectural Graphics* (2009, pp. 63–73), estabelece uma distinção entre o corte de desenho e o corte de construção e também descreve o corte do terreno: o desenho que ilustra a conexão entre uma edificação e seu entorno.

64 e 65. O vento

Bokalders e Block, em *The Whole Building Handbook* (2010, pp. 539-542), disponibilizam uma boa explicação sobre os efeitos e soluções para problemas com o vento tanto em situações rurais quanto urbanas. Brown e DeKay, em *Sun, Wind and Light: Architectural Design Strategies* (2001, pp. 99-101), lidam com os efeitos de vento criados por edifícios-torre. Eles mencionam estratégias detalhadas (pp. 102-9) para o controle da ventilação urbana por meio de variações nos padrões do traçado urbano e na altura das edificações. Matin Alaghmandan *et al.*, em um artigo intitulado "Innovative Design Methods for Tall Buildings - a Computational-based Approach in Optimizing the Wind Effects on Tall Buildings" (2013, p. 527), afirma que as formas aerodinâmicas (não lineares, por exemplo) reduzem a formação de vórtices ao redor das edificações, e também discutem questões estruturais relevantes para o projeto de ventilação de edifícios-torre. Pelsmakers, em *The Environmental Design Pocketbook* (2015, pp. 72-75), explica os padrões do vento no Reino Unido e fornece diagramas explicativos para o projeto levando o vento em consideração. Um estudo detalhado a respeito da física e dos impactos do vento ao redor das edificações pode ser encontrado em um artigo escrito por Bert Blocken e Jan Carmeliet (2004), intitulado "Pedestrian Wind Environment around Buildings: Literature Review and Practical Examples". Os autores apresentam conclusões importantes para arquitetos, incluindo:

- um ambiente inadequado de ventilação ao redor de uma edificação pode ocorrer em empreendimentos malsucedidos que oferecem riscos à saúde
- as condições de ventilação devem ser levadas em conta desde o início de um projeto, uma vez que seus efeitos são muito difíceis de serem controlados depois de construída a edificação

66. Cobertura verde, azul ou branca?

Cobertura "verde"

Kwok e Grondzik, no livro *The Green Studio Handbook* (2007, pp. 49-54), explicam, com dados de dimensionamento e materiais, as coberturas verdes. Os autores fazem a distinção entre dois tipos de coberturas verdes ou ecotelhados:

- Coberturas verdes "extensivas", que são rasas (150 mm de meio de cultivo), com variedades limitadas de plantas e, de um modo geral, inacessíveis
- Coberturas verdes "intensivas", que são mais profundas

A tabela 4.1 (p. 52) informa profundidades de cobertura em relação ao tipo de plantio desejado; para árvores pequenas e arbustos, será necessária a profundidade de solo de um metro, e cerca de 1,80 m para árvores maiores em coberturas verdes "intensivas". Isolamento, um sistema de drenagem e uma membrana de impermeabilização também serão necessários. Alguns dos inúmeros benefícios das coberturas verdes são mencionados, tais como o aumento da massa termoacumuladora, o aumento do valor de isolamento, a redução do efeito da ilha de calor urbana, a retenção de água pluvial e a recreação, a biodiversidade e o atenuamento do risco de alagamentos.

Espelho d'água, ou cobertura "azul"

Uma cobertura com água termoacumuladora (também conhecida como cobertura "azul" ou *pond roof*), com uma profundidade média de 150–300 mm, pode ser utilizada como uma fonte gratuita de calefação ou esfriamento. Para armazenagem térmica, o espelho d'água em uma cobertura deve ser isolado à noite para prevenir a perda de calor. Em regiões com noites frias, a cobertura com espelho d'água também pode ser usada para esfriamento. Nesse caso, deve ser coberta e isolada durante o dia para evitar o aquecimento da água; com a remoção do isolamento à noite, o calor do interior da edificação será transferido para o espelho d'água por meio da estrutura e emanado para o céu noturno. Informações a respeito de projeto e dimensionamento podem ser encontradas no livro de Brown e DeKay, *Sun, Wind and Light: Architectural Design Strategies* (2001, pp. 176–177). Givoni, em *Passive and Low Energy Cooling of Buildings* (1994, pp. 152–163), fornece dados de estudos científicos sobre coberturas com espelhos d'água, obtidos com base em experimentos realizados em diversos locais. Necessidades adicionais relativas ao peso e à estrutura devem ser levadas em conta tanto para as coberturas "verdes" quanto as "azuis".

Cobertura "branca", ou fria

Givoni, em *Climate Considerations in Building and Urban Design* (1998, p. 370), afirma que o principal fator que influencia na absorção de radiação solar – especialmente em regiões quentes e secas – é a refletância solar (ou albedo) da cobertura. Embora a alta densidade diminua o resfriamento noturno perto do solo em cidades, uma cobertura fria resultará em ar frio baixando sobre a cidade, aumentado a velocidade de resfriamento. Os valores de refletância solar de diversos materiais comumente utilizados em coberturas são disponibilizados por Brown e DeKay, no livro *Sun, Wind and Light: Architectural Design Strategies* (2001, p. 221). O segredo é a utilização de materiais que rejeitem o calor solar incidente e que também não façam transferência de calor para a edificação ao longo do dia – o alto índice de refletância solar e a alta emitância de raios infravermelhos são propriedades fundamentais. Um dilema para o projetista de coberturas frias solucionar é como possibilitar que as regiões com verões quentes e invernos frios ou amenos possam dispor de coberturas frias e refletivas no verão e quentes e absorventes no inverno.

CAPÍTULO 4
PROJETANDO PARA O BEM-ESTAR HUMANO

67 e 68. Conforto, controle e satisfação

Conforto humano

O *website* colaborativo da indústria de construção civil Designing Buildings Wiki defende que um ambiente pode ser considerado confortável se 80% daqueles que o ocupam se sentirem confortáveis com relação à temperatura. A fisiologia que permite que os seres humanos se adaptem ao ambiente é discutida por Givoni em *Climate Considerations in Building and Urban Design* (1998, pp. 3–36). O autor também discute as sérias consequências para a saúde produzidas pelo efeito da ilha urbana de calor (p. 256). Bokalders e Block, no *The Whole Building Handbook* (2010, pp. 112–116), traça um breve panorama de todos os fatores que influenciam o clima de um ambiente interno. Tais fatores incluem a temperatura radiante média (TRM) das superfícies, um fator que influencia de modo significativo o conforto térmico. Os autores incluem o eletroclima (campos eletromagnéticos e eletricidade estática) entre os fatores mais comuns que afetam a sensação de conforto. Como auxílio para alcançar o objetivo de obter um bom ambiente interno e, ao mesmo tempo, conservar recursos, uma lista de conferência bastante útil é disponibilizada (pp. 115 e 116). Bokalders e Block também confirmam que, ao reduzir a temperatura interna em um grau, é possível economizar entre 4% e 5% no consumo de energia. Os autores defendem a adoção de sistemas automatizados de controle ambiental, os quais são detalhadamente descritos.

Controle do usuário e satisfação

Bill Bordass *et al.*, em *Controls for End Users: A Guide for Good Design and Implementation* (2007), confirmam que, de acordo com um corpo de pesquisa substancial, quando os usuários podem controlar seu ambiente interno, eles se sentem mais satisfeitos com esse ambiente. Os autores citam cinco maneiras por meio das quais o controle do usuário pode auxiliar a garantir o conforto e a satisfação, incluindo uma resposta rápida dos sistemas (p. 6) e oferecem, ainda, uma lista de conferência (p. 24). Ritchie e Thomas, em *Sustainable Urban Design* (2009, pp. 48–55), confirmam que o controle do usuário sobre o ambiente interno produz efeitos sobre o sucesso de uma edificação e, em *Green Buildings Pay – Design, Productivity and*

Ecology (2013, p. 177), Edwards constata que, ainda que o controle das condições ambientais internas pelo usuário seja desejável, o desempenho da edificação não deve ser comprometido. Recentemente, Montazami *et al.*, no artigo de uma conferência intitulado "The Relationship Between Peoples' Satisfaction and LEED Building Rating in Jordanian Office Buildings" (2013), alertaram para o fato de que não devemos nos focar exclusivamente nos aspectos relacionados à energia e ignorar outros aspectos relativos ao conforto e à satisfação dos usuários, como a iluminação e a acústica. O foco dos autores foi o programa de certificação ambiental norte-americano Leadership in Energy & Environmental Design (LEED), mas as conclusões alcançadas se aplicam igualmente para situações fora desse contexto. Medidas ativas de controle do usuário foram sintetizadas por Stuart Barlow e Dusan Fiala em *Occupant Comfort in UK Offices - How Adaptive Comfort Theories Might Influence Future Low Energy Office Refurbishment Strategies* (2007). Nigel Oseland, em *Adaptive Thermal Comfort Models* (1998, pp. 41 e 42), examina os efeitos da temperatura sobre diversas ações no local de trabalho, incluindo colocar ou remover uma peça de roupa.

69. Manutenção e sustentabilidade

Liddell, em *Eco-minimalism* (2013, p. 95), afirma que "se algo pretende ser sustentável, deve também ser passível de manutenção", implicando a existência de uma relação entre longevidade e utilidade. Bokalders e Block, no *The Whole Building Handbook* (2010, Seção 1.3), consideram a conservação e manutenção de edificações como uma função relacionada ao bom projeto e construção. A facilidade de limpeza e as credenciais ambientais dos materiais de limpeza são discutidas, e somos relembrados de que os componentes da edificação devem ter acesso seguro. As relações entre eficiência energética, satisfação dos usuários, facilidade de manutenção e gestão das instalações são discutidas por Pelsmakers em *The Environmental Design Pocketbook* (2015, p. 349). O livro apresenta uma excelente lista de conferência de manutenção (pp. 30-31), e também é tratada a questão da manutenção de materiais (p. 210). Van Lengen, em *The Barefoot Architect* (2008), lida com regiões tropicais úmidas (Seção 2), e a manutenção dos materiais é o primeiro aspecto levado em consideração na seção sobre a especificação de materiais (p. 296). Sandy Halliday, em *Sustainable Construction* (2008, p. 132), nos alerta a respeito das promessas de construções ditas isentas de manutenção, o que seria impossível de garantir.

70 e 71. Os benefícios do contato com a natureza

Mark DeKay, em seu *Integral Sustainable Design* (2011, pp. 354–424), um tratado instigante e de agradável leitura, defende seu ponto de vista de que nos relacionamos com a natureza por meio de um senso de pertencimento e que os ciclos da natureza conferem significados às nossas vidas. Ele também afirma que, em um mundo pré-industrial, teríamos procurado as condições ambientais ideais em um certo momento do dia ou da estação dentro de nossas edificações. Edwards, no livro *Rough Guide to Sustainability* (2014, pp. 185–191), reflete a respeito dos benefícios de incorporar leituras explícitas da natureza no projeto, com exemplos de modos por meio dos quais a natureza tenha sido usada como fonte de inspiração para orientar o projeto nos sentidos prático, material, tátil, visual e em outros sentidos menos tangíveis. Von Borcke, em *Sustainable Urban Design* (editores Ritchie e Thomas, 2009, pp. 31–41), escreve de modo engajado a respeito da natureza na cidade e explica como a cor verde está relacionada com a biologia e a psicologia humanas. A criação de espaços verdes na escala urbana e os benefícios da paisagem urbana são discutidos com relação à Regra 80. Estudos de caso muito bem descritos de abordagens da natureza podem ser encontrados no livro de Sassi, *Strategies for Sustainable Architecture* (2006, pp. 32–43).

72. Edificações saudáveis (e doentes)

Bokalders e Block, em *The Whole Building Handbook* (2010, pp. 1–4), partem da descrição da natureza de edificações saudáveis e das causas de edificações doentes. Edwards e Naboni, em *Green Buildings Pay* (2013, pp. 71–75), discutem a satisfação dos usuários e a relação entre saúde e produtividade tanto em ambientes com ventilação natural quanto em ambientes com ventilação mecânica. Os autores confirmam (p. 69) que, em um edifício de escritórios, os custos com a contratação de funcionários são muito superiores aos gastos com energia operacional – de modo que edificações doentes, que com frequência estão também associadas a muitos atributos de projeto não sustentável, são extremamente dispendiosas. A Alliance for Sustainable Building Products (ASBP) relatou que, em janeiro de 2014, a Google exigiu uma "declaração de conteúdo" de todos os materiais de construções que seriam utilizados em seus novos escritórios em Londres, o que nos faz lembrar que a toxicidade também pode ser um problema em potencial. Birkeland, em *Positive Development* (2008, pp. 28 e 29), disponibiliza exemplos de edificações e reformas, ilustrando os benefícios de edificações saudáveis.

73. Qualidade do ar dos interiores

Os Centros de Prevenção e Controle de Doenças dos Estados Unidos possuem um excelente *website*, no qual o documento *Factors Affecting Indoor Air Quality* pode ser encontrado. A qualidade do ar dos interiores consta em uma lista de conferência bastante prática a respeito do "Ambiente Interno" no livro de Pelsmakers, *The Environmental Design Pocketbook* (2015, pp. 152 e 153). Uma boa ventilação e o uso de materiais que não emitem gases nocivos são citados como soluções simples. Edwards, em *Rough Guide to Sustainability* (2014, pp. 232 e 233), discute os perigos dos compostos orgânicos voláteis (COVs), que podem ser dez vezes maiores no interior de uma edificação do que em ambientes externos. A Agência de Proteção Ambiental dos Estados Unidos, que possui *websites* com bons recursos eletrônicos, confirma que há literalmente milhares de fontes de compostos orgânicos voláteis no ambiente interno. Berge, em *The Ecology of Building Materials* (2009, Parte 1, Seção 2), faz uma revisão detalhada a respeito da poluição e dos poluentes na indústria da construção civil. Alguns compostos orgânicos voláteis são altamente tóxicos e cancerígenos, e a *PostNote Number 366: UK Indoor Air Quality* (de novembro de 2010), do governo do Reino Unido possui uma tabela de poluentes comuns, indicando suas fontes e seus efeitos sobre a saúde, com recomendações. As consequências imprevistas de reformas com baixa energia incorporada são discutidas em relação à qualidade do ar no Capítulo 5 desta bibliografia comentada.

74. Transtorno afetivo sazonal (TAS)

Embora haja evidências de que possa ocorrer também no verão, o transtorno afetivo sazonal (TAS) – também conhecido como "depressão de inverno" – é uma condição de saúde que se desenvolve especialmente devido à reduzida disponibilidade de luz natural. Em *A Literature Review of the Effects of Light on Building Occupants* (2002, pp. 8 e 9), L. Edwards e P. Torcellini discutem as condições de saúde associadas ao transtorno afetivo sazonal, que podem incluir um quadro clínico de depressão ao longo de vários meses. O excelente livro a respeito da iluminação natural de Peter Tregenza e Michael Wilson, *Daylighting – Architecture and Design* (2011, pp. 6–9), discute de modo mais aprofundado as reações fisiológicas humanas à luz do dia, e o transtorno afetivo sazonal é discutido em relação aos níveis de luz nos interiores. Embora esse transtorno seja considerado prevalente em latitudes mais altas no Hemisfério Norte (e a maior parte das pesquisas sobre o assunto foi realizada nessas regiões), há evidências de que as variações sazonais e o número de horas de luz diurna são fatores que independem da latitude. A pesquisa de Shrikant Srivastava e Mukul Sharma, *Seasonal Affective Disorder: Report from India* (1998), estudou pacientes em uma latitude de 26° 45' norte e encontrou evidências da existência de transtorno afetivo sazonal.

75. Avaliação pós-ocupação

Os clientes devem ser informados sobre a importância da avaliação de desempenho da edificação, conhecida como avaliação pós-ocupação. Bordass *et al.*, em *A Guide to Feedback and Post-occupancy Evaluation* (2006), incluem muitos conselhos práticos e mencionam a abordagem de "aterrisagem suave", por meio da qual a equipe de projeto auxilia na transição entre a entrega de uma edificação e o início de sua operação. O documento do Escritório do Conselho de Ministros do governo do Reino Unido, *Soft Landings* (2013), descreve de modo detalhado essa abordagem e suas relações com BIM. A abordagem leva em conta:

- Funcionalidade e efetividade
- Fatores ambientais
- Fatores relativos aos custos

Note que esses itens estão intimamente relacionados com os três pilares da sustentabilidade (veja a regra 3). Os objetivos e métodos das avaliações pós-ocupação são muito bem descritos no ensaio de Roderic Bunn, "From post-mortem to life support", no livro *Retrofit for Purpose* (editor Prasad, 2014, pp. 39–53) da agência de arquitetos Penoyre & Prasad. O autor afirma, corretamente, que a avaliação pós-ocupação é um processo para toda a equipe de projeto, incluindo o cliente.

76. Preservando o patrimônio cultural

Gaines e Jäger, em seu assertivo *Manifesto for Sustainable Cities* (2009, p. 20), confirmam que, ao, planejar o futuro de cidades existentes, o passado deve ser levado em consideração, e Ritchie, na introdução do livro *Sustainable Urban Design* (editores Ritchie e Thomas, 2009, pp. 4–5), louva os "felizes acasos" que ocorrem em nossas cidades quando uma sobreposição do antigo e do novo resulta em uma riqueza não planejada, conectando o presente ao passado e contribuindo para a sustentabilidade social. Os pontos de vista de Ritchie coincidem com as ideias propostas por Colin Rowe e Fred Koetter em sua fundamental crítica do urbanismo, *Collage City* (1978). Richard Rogers, em *Cities for a Small Planet* (1997, p. 82), afirma que preservar o patrimônio não faz sentido para a sociedade se não houver inovação. Um artigo excelente e conciso de S. Mutal para a UN-Habitat, "A World Overview on Conservation, Rehabilitation, Development and Management of Historic Cities/ Centres" (2004), descreve como o patrimônio deve ser parte da rotina dos habitantes da cidade – e afirma que o antigo e o novo podem (e devem) coexistir. A história, conforme o autor nos recorda, engloba tudo e inclui fatores sociais e econômicos, rituais urbanos e a paisagem física. Esse artigo (e Rogers, em *Cities for a Small Planet*, também) cita o historiador Roy Porter: "quando as edificações têm precedência sobre as pessoas, recebemos uma herança, não uma história". Rodwell, em *Conservation and Sustainability in Historic Cities* (2007), escreve muito bem a respeito da riqueza do tecido urbano existente (p. 114) e de abordagens do patrimônio cultural, com muitos estudos de caso (Capítulo 9).

77. Uma cidade ativa é uma cidade saudável

Chakrabarti, em *A Country of Cities* (2013, pp. 75–123), fornece provas irrefutáveis da necessidade de mobilidade e sugestões de oportunidades para cidades densas. Questões relacionadas à saúde e à atividade física são centrais para o arquiteto e urbanista dinamarquês Jan Gehl, em seu trabalho importante, bem ilustrado e de agradável leitura: *Cities for People* (2010). Confirmando muitas das ideias de Gehl, Johan Faskunger, em um artigo intitulado "Promoting Active Living in Healthy Cities of Europe" (2011), baseado em um estudo da cidade financiado pela Organização Mundial de Saúde (OMS), claramente apresenta o problema do sedentarismo em nossos estilos de vida modernos. A ausência de um esforço coordenado entre as diversas camadas de governança da cidade é mencionada como uma barreira que impede a promoção de um estilo de vida ativo na cidade. No *Journal of Urban Health*, Hugh Barton e Marcus Grant, no artigo "Urban Planning for Healthy Cities: A Review of the Progress of the European Healthy Cities Programme" (2011), descrevem sua abordagem sobre os fatores determinantes de uma cidade saudável, como um antídoto para os estilos de vida insalubres e dependentes de automóveis encorajados por muitas cidades atualmente. Eles nos informam a respeito dos doze objetivos do planejamento urbano saudável, definidos pela Organização Mundial de Saúde (OMS), que é interessante de ler poise eles mencionam questões sociais, organizacionais e relativas ao ambiente construído. Camilla Ween, em *Future Cities – All That Matters* (2014, p. 60), propõe uma abordagem "pés primeiro" para o transporte público: os cidadãos irão caminhar se tiverem oportunidade e se o espaço público for atraente. C.J. Lim, em *Food City* (2014, p. 135), afirma que a jardinagem também é um tipo de exercício recomendado para combater a obesidade urbana. O projeto Cidades Saudáveis, da Organização Mundial de Saúde, um movimento global pela saúde urbana, disponibiliza informações, eventos e informativos a respeito dessa iniciativa da entidade.

78 e 79. Som e ruído

Katherine Irvine *et al.*, em "Green Space, Soundscape and Urban Sustainability: An Interdisciplinary, Empirical Study" (2009), no *International Journal of Justice and Sustainability*, citam a ausência quase total de sons naturais em um parque típico no centro de uma cidade e o aumento dos ruídos de trânsito em nossas cidades. Uma conclusão interessante é a de que a paisagem sonora (a totalidade da experiência sonora) em parques urbanos é diretamente influenciada pela variedade de espécies de aves. Os pesquisadores canadenses Darren Proppe, Christopher Sturdy e Colleen Cassady Saint Clair, em *Anthropogenic Noise Decreases Urban Songbird Diversity and may Contribute to Homogenization* (2013), revelam que as aves canoras tendem a abandonar os parques urbanos ruidosos. A conclusão óbvia é que a ecologia deve ser assegurada para enriquecer os elementos naturais da paisagem sonora urbana. Um estudo fascinante de William Davies *et al.*, *Perception of Soundscapes: An Interdisciplinary Approach* (2013), distingue sons naturais, humanos e mecânicos e confirma que a paisagem sonora nos conecta com o lugar e com a sociedade. Os sons, e seu papel em definir a ecologia de uma paisagem, são o assunto de um artigo on-line da Ecology Global Network, escrito por Cheryl Dybas, da National Science Foundation, intitulado "Soundscape Ecology: Studying Nature's Rhythms" (2012). A paisagem sonora é definida como sendo composta dos seguintes itens:

- Biofonia: a música formada por organismos como sapos e pássaros
- Geofonia: a composição de sons não biológicos, como os sons do vento, da chuva e das trovoadas
- Antropofonia: o conglomerado de ruídos produzidos pelos seres humanos

Os níveis de ruído aceitáveis são um fator no planejamento de cidades sustentáveis, como foi identificado por Barton e Grant, em *Urban Planning for Healthy Cities: A Review of the Progress of the European Healthy Cities Programme* (2011). Ritchie e Thomas, em *Sustainable Urban Design* (2009, pp. 50 e 51), mencionam duas questões acústicas essenciais: a geração de ruídos por fontes externas e a transmissão de ruídos dentro das edificações. Informações complementares e detalhes para atenuação de ruídos podem ser encontrados no livro *Environmental Design* (2006, pp. 46–49), no qual Randall Thomas expõe a dificuldade de atenuar os altos níveis de ruídos externos. Pelsmakers, em *The Environmental Design Pocketbook* (2015, p. 95), fornece detalhes a respeito de maneiras de reduzir os ruídos de trânsito com uma proteção vegetal. Contudo, o autor alerta para o fato de que a vegetação sozinha dificilmente será efetiva para solucionar essas questões. Beer e Higgins, em *Environmental Site Planning for Site Development* (2000, p. 115), comentam que as pessoas aparentam ser menos afetadas por ruídos cujas fontes não estejam visíveis, de modo que a vegetação poderia produzir benefícios psicológicos nesse sentido. Os autores também mencionam o aproveitamento dos sons das folhas das árvores movendo-se com o vento e do som da água se movendo pela cidade, que contribuem para mascarar ruídos menos agradáveis.

80. Tornando a cidade mais verde

Os benefícios dos espaços verdes urbanos são discutidos em detalhes, com úteis listas de conferência, por Pelsmakers em *The Environmental Design Pocketbook* (2015, Capítulo 4). Ele explica o fenômeno da "ilha de frio urbano" gerada por um parque no qual as temperaturas são entre 2°C e 3°C mais baixas que os seus arredores. Os espaços verdes urbanos também produzem um efeito benéfico de resfriamento ao longo de uma distância considerável: 150 m ou mais do tecido urbano, conforme Givoni em *Climate Considerations in Building and Urban Design* (1998, pp. 308–310). O potencial de resfriamento de espaços urbanos é descrito em detalhes por Brown e Mark DeKay, em *Sun, Wind and Light: Architectural Design Strategies* (2001, pp. 121–124). Von Borcke, em *Sustainable Urban Design* (editores Ritchie e Thomas, 2009, pp. 31–34), identifica de que maneiras a natureza e a paisagem das cidades podem melhorar a qualidade de vida de seus habitantes, incluindo os benefícios ecológicos, sociais e, consequentemente, econômicos que mesmo pequenos espaços externos podem trazer. Ian Alcock *et al.*, em um artigo denominado

"Longitudinal Effects on Mental Health of Moving to Greener and Less Green Urban Areas" (2013) publicado no *Journal of Environmental Science and Technology*, constatam que a saúde mental melhora significativamente quando as pessoas se mudam para áreas urbanas mais verdes. Cliff Moughtin e Peter Shirley, em *Urban Design - Green Dimensions* (2005, p. 81), fornecem uma tipologia útil de espaços verdes de diversas escalas.

81. Cidades multifuncionais

Uma descrição muito boa dos benefícios daquilo que Wheeler denomina "forma urbana diversa" pode ser encontrada em seu manual *Planning for Sustainability* (2013, p. 142). A diversidade obtida por meio de usos múltiplos está relacionada à sustentabilidade, uma vez que conduz a uma sobreposição saudável e vibrante de grupos diversificados na sociedade. Além disso, possibilita a redução da necessidade do uso de automóveis e, por conseguinte, da poluição, e permite a exploração de variedades de forma e função mais atraentes e populares. É o oposto da dispersa metrópole moderna. A autora e influente ativista Jane Jacobs, no livro *The Death and Life of Great American Cities* (1993), defende a multiplicidade de usos para a obtenção da diversidade vital, e a diversidade é um tema marcante no livro de Rogers, *Cities for a Small Planet* (1997), no qual o autor ataca apaixonadamente a segregação e apresenta um manifesto humanitário por "comunidades de vida" (p. 15). Rodwell, em *Conservation and Sustainability in Historic Cities* (2007, pp. 117-119), descreve o conceito "aldeia urbana" de desenvolvimento multifuncional. Um documento escrito explicando de modo bastante claro os benefícios práticos das cidades multifuncionais é disponibilizado por Paul Beyer em *Livable New York - Sustainable Communities for All Ages* (2012, Seção II.2.g).

82. Alimentando a cidade

Jennifer Cockrall-King, em *Food and the City - Urban Agriculture and the New Food Revolution* (2012, pp. 78-80), leva em conta a noção sensata de planejar a cidade com a alimentação em mente. Estudos de caso de pequena e grande escala ilustram as possibilidades (tais como a "política do paisagismo comestível" na cidade de Vancouver) e os desafios. Um excelente e divertido relato global a respeito da oferta de alimentos e da agricultura urbana sustentável (e da cultura da alimentação), com muitos exemplos de inovações e invenções, pode ser encontrado no livro *Food City* (2014), de Lim. Ween escreve a respeito da "cidade comestível" e faz um relato otimista da agricultura urbana, incluindo uma descrição de fazendas verticais, em *Future Cities* (2014, Capítulo 6). O autor defende que as cidades são capazes de cultivar dentro de suas fronteiras uma quantidade significativa dos alimentos que consomem (p. 71). Birkeland, em *Positive Development* (2008, pp. 281 e 282), descreve os múltiplos benefícios de se aplicar uma abordagem de "andaimes verdes" para a reforma de edificações. As estratégias de loteamento de cidades do Reino Unido como Oxford, Darlington e Canterbury servem como uma boa fonte de recursos, incluindo a história dos loteamentos e dados de distância de percurso e podem ser encontradas nos *websites* das administrações municipais. Viljoen *et al.*, em *Continuous Productive Urban Landscapes: Designing Urban Agriculture for Sustainable Cities* (2005), descrevem uma proposta fascinante e muito bem ilustrada para conexões entre espaços verdes produtivos dentro e fora dos espaços urbanos, denominados CPULs. Um trabalho extremamente bem escrito e de leitura obrigatória, *Hungry City* (2013), de Carolyn Steel, oferece ao leitor um relato fascinante e inspirador da história e do futuro da alimentação das cidades do planeta. Forman, em *Urban Ecology* (2014, pp. 344–349), nos informa que, nos Estados Unidos (no ano 2000), a distância média que um alimento percorre até que seja consumido é de 2.400 km. Nessa obra, há uma descrição excelente da ecologia da agricultura e da relação entre a agricultura e a cidade.

83. Inclusão

Robin Hambleton, em *Leading the Inclusive City – Place-based Innovation for a Bounded Planet* (2015), afirma que as cidades estão se tornando mais desiguais, e não menos – e que esse fato é uma ameaça a todos os cidadãos. A cidade inclusiva – que resulta de uma parceria entre os cidadãos, as lideranças cívicas locais e o ambiente – é definida (p. 6), e o autor reconhece que a qualidade do transporte público é fundamental para possibilitar a inclusão, uma vez que exerce uma influência transformadora no estilo de vida e nas oportunidades (p. 314). O autor enfatiza que já é tempo de as lideranças das cidades darem prioridade à equidade, e não ao crescimento econômico. O trabalho utiliza estudos de caso ("histórias de inovação") para ilustrar os principais temas para cidades inclusivas, sustentáveis e bem-sucedidas.

Wheeler, em *Planning for Sustainability* (2013, Capítulo 4), discute como a inclusão é parte integrante da noção de equidade e explica como a variação das concentrações de riqueza nas áreas urbanas conduz ao "isolamento social" à medida que aumenta a cisão entre ricos e pobres. A equidade urbana está relacionada com habitações populares economicamente viáveis. Citando o urbanista Kevin Lynch, Wheeler interpreta a importância de cidades "acessíveis". Partindo desse princípio, Birkeland, no texto otimista e maravilhosamente desafiador *Positive Development* (2008, Capítulo 13), afirma que a sociedade só pode ser sustentável se todos "saírem ganhando". No texto acadêmico e também prático de Susan Fainstein, *The Just City* (2010, Capítulo 2), a inclusão é discutida em relação à diversidade. Somos, contudo, aconselhados a considerar com cautela a falta de autenticidade que pode resultar de um planejamento que faça uma aproximação forçada de comunidades.

CAPÍTULO 5. ESTRATÉGIAS PARA EDIFICAÇÕES E CIDADES SUSTENTÁVEIS

84 a 89. Estratégias para uma reforma sustentável

"Ecorreforma" e reúso criativo

Birkeland, em *Positive Development* (2008, Capítulo 2), define a "ecorreforma", que é vista como um aspecto imperativo do desenvolvimento sustentável e como o foco principal desse tratado bastante interessante e informativo. A reforma integrada também é discutida nessa obra (pp. 8 e 29). Ween, em *Future Cities* (2014, pp. 109–110), defende as edificações multifuncionais como modo de aumentar a ocupação; muitas escolas, escritórios e edifícios públicos são utilizados apenas entre 30% e 50% do tempo. O autor também sugere a possibilidade de usos "transitórios" ou "provisórios" de edificações desocupadas que estejam aguardando projetos de renovação ou replanejamento. Rodwell, em *Conservation and Sustainability in Historic Cities* (2007, p. 57), citando sir Bernard Feilden, afirma que a sustentabilidade prolonga a vida útil de uma edificação – levando a uma economia financeira e de recursos. São discutidas a ampla disponibilidade de propriedades ociosas em nossas cidades e a necessidade de reciclagens de uso inventivas (pp. 127–128). Carroon, em *Sustainable Preservation* (2010, Seção 7.4), escreve a respeito da ampliação da vida útil de edificações e de seu reúso criativo, apresentando estudos de caso formatados para o fácil estabelecimento de comparações. Descrevendo o que torna as edificações existentes "sustentáveis", o autor discute a "sobrevivência passiva" (p. 10), a habilidade de uma edificação proporcionar um ambiente adequado mesmo quando seus sistemas falham, indicando que os princípios organizadores passivos adotados em muitas edificações históricas podem servir como lições ainda hoje. O projeto regenerador é definido não apenas como a possibilidade de criar uma sociedade que seja menos prejudicial ao ambiente, mas também como uma sociedade capaz de produzir ambientes verdadeiramente restaurados, sustentáveis (p. 14).

A reforma de interiores é bem abordada por Siân Moxon, que, em *Sustainability in Interior Design* (2012), disponibiliza um trabalho completo, harmonioso e muito bem ilustrado, com estudos de caso criativos. Uma seção particularmente boa a respeito da escolha e do impacto dos materiais (pp. 84-106) pode ser do interesse de projetistas de interiores, arquitetos e outras pessoas envolvidas nas especificações de trabalhos interiores (tanto para edificações novas como para reformas). São descritos os perigos de "disfarces ecológicos" de fabricantes, as fontes de informações confiáveis a respeito de especificações e as credenciais ecológicas de materiais (pp. 100-101). O autor também é um defensor da redescoberta de lições perdidas do passado. Os benefícios associados ao reúso, incluindo a conexão existente entre estes e os custos do ciclo de vida útil, são delineados de modo conciso por Tucker em *Designing Sustainable Residential and Commercial Interiors* (2015, Capítulo 7), e é disponibilizado um prático guia "passo a passo" de procedimentos a serem seguidos pela equipe de projetistas. O autor também fornece uma visão geral do processo de projeto integrado (Capítulo 1). O reúso adaptativo também é mencionado no fórum on-line do Sustainable Cities Collective.

Reformas de baixo consumo energético

Prasad, em *Retrofit for Purpose* (2014, pp. 6 e 7), descreve a "reforma energética profunda" e a necessidade de que tanto as vedações externas quanto os sistemas sejam avaliados e aprimorados de modo holístico. Há uma lista prática de "chaves para o sucesso" em projetos de reforma (p. 11). Estudos de caso ilustram soluções, incluindo a primeira edificação no padrão Passivhaus de uso não doméstico no Reino Unido (estudo de caso 8, pp. 163-173), para a qual a tomada de medidas profundas foi necessária para alcançar um consumo de energia bastante baixo sem comprometer o conforto dos usuários e a integridade das vedações externas. A necessidade de realização de análises e avaliações de desempenho das edificações e a questão da "discrepância de desempenho" entre o consumo de energia previsto e o consumo de energia real são bastante enfatizadas ao longo dos ensaios e estudos de caso.

Consequências imprevistas

Pelsmakers, em *The Environmental Design Pocketbook* (2015, pp. 282-287), disponibiliza uma excelente lista de conferência de medidas necessárias em uma reforma e - algo muito importante - faz uma estimativa concisa das consequências imprevistas de decisões tomadas durante o processo de reforma - tais como a piora, e não a melhoria, da qualidade do ar no interior de vedações externas tornadas estanques. Essa questão é cada vez mais abordada por meio da introdução de um sistema de ventilação mecânica com recuperação de calor: veja Prasad (editor), *Retrofit for Purpose* (2014, estudo de caso 8). O superaquecimento é outra consequência de reformas de baixo consumo energético que os autores comumente discutem. A partir de um artigo escrito por Anna Mavrogianni *et al.*, "The Unintended Consequences of Energy Efficient Retrofit on Indoor Air Pollution and Overheating Risk in a Typical Edwardian Mid-terraced House" (2013), fica claro que, em uma reforma, o superaquecimento e a qualidade do ar dos interiores são fenômenos relacionados.

O *website* www.responsible-retrofit.org/wheel disponibiliza uma ferramenta de projeto para explorar problemas e soluções de reforma. O Institute for Sustainability, no Reino Unido, publicou uma série de guias para reformar o estoque imobiliário do Reino Unido, e princípios orientadores para edificações existentes, com ênfase em uma abordagem integrada, são apresentados no *Whole Building Design Guide*, do Instituto Nacional de Ciências da Edificação dos Estados Unidos. A abordagem sequencial leva em conta avaliação, funcionamento e manutenção.

90 a 101. Estratégias para arquitetura e cidades sustentáveis

Pensamento estratégico positivo

De modo inovador e cativante, Birkeland, em *Positive Development* (2008), desafia grande parte do pensamento convencional a respeito do modo como concebemos edificações e cidades sustentáveis. O autor propõe a perspectiva estratégica do "projeto de resultado final positivo" – a partir da qual as edificações e cidades contribuem mais para os ecossistemas e os ambientes do que eles consomem, e na qual o "resíduo" se torna um "recurso" (pp. 71 e 341). O autor salienta que, apesar de nos últimos anos a redução do consumo de energia ter sido a preocupação central, agora se fazem necessárias estratégias de projeto voltadas para o usuário e para o ambiente (p. 110). Birkeland também questiona se a durabilidade deveria sempre ser considerada como uma virtude na arquitetura: um elevado nível de adaptabilidade pode ser mais facilmente alcançado por meio do uso de estruturas e materiais "reversíveis", fáceis de mudar e orgânicos.

Kodama Yuichiro, em *Eco-urbanity – Towards Well-mannered Built Environments* (editor Radovic, 2009, pp. 178–181), descreve sua perspectiva de uma "espiral positiva" de benefícios para o usuário e o ambiente resultantes de uma abordagem ecológica do urbanismo. O editor do livro, Darko Radovic, nos recorda (pp. 9–17) que a sustentabilidade não é intrinsecamente idílica – ela pode se desenvolver nas condições mais duras e nas culturas mais antidemocráticas.

Uma leitura fundamental a respeito de estratégias arquitetônicas é a obra de Sassi, *Strategies for Sustainable Architecture* (2006). A obra é prática, abrangente e muito bem apresentada, na qual cada um dos tópicos é apresentado e, então, defendido por meio de uma ampla gama de estudos de caso.

A arquitetura da compostagem foi apresentada recentemente no *website* Technology4Change, e mais discussões a respeito do ponto de vista do "resultado final positivo" podem ser encontradas no *website* do The Climate Group e no Forum for the Future. Há, ainda, um bom artigo no jornal on-line *Guardian* a respeito dos desafios presentes na busca por um "resultado final positivo" em relação à água (6 de setembro de 2013).

Cidade, região e planeta: fluxos de energia e recursos

As relações entre o consumo e o dispêndio de energia e matéria são tema de grande parte da literatura contemporânea a respeito de sustentabilidade urbana. Jacques, em *Sustainability – the Basics* (2015, p. 38), descreve o "metabolismo das sociedades", no qual o consumo de matéria e energia e o descarte de resíduos são fundamentalmente dependentes do entorno de um indivíduo ou de uma comunidade – tal como, no caso da cidade, se pode dizer de sua região. Jaques fornece seus próprios princípios para a sustentabilidade (Capítulo 2), e seus princípios para o desenvolvimento sustentável (citando o economista ecológico Herman Daly, p. 41) exigem que:

- os recursos renováveis não sejam explorados além de sua capacidade regenerativa
- os recursos não renováveis não sejam empregados mais rapidamente do que seus substitutos possam ser produzidos
- os sumidouros não sejam utilizados além de sua capacidade natural de assimilação

Os ecossistemas fluem – e os movimentos relacionados de animais e vegetais, micróbios e seres humanos dentro e no entorno das cidades são muito bem descritos por Forman em *Urban Ecology* (2014, pp. 68–76). São fornecidos diagramas de otimização de padrões de espaços verdes para a conexão de *habitats* (p. 71).

Gaines e Jäger, em seu *Manifesto for Sustainable Cities* (2009, p. 24), descrevem um "sistema holístico abrangente" no qual uma cidade transforma parte de seus resíduos em energia, produzindo calor, e recicla e reutiliza os resíduos remanescentes. Com uma perspectiva regional, Birkeland, em *Positive Development*, (2008, p. 44), concebe a região de uma cidade como uma "fonte e um destino" e explica como características ("fluxos") ambientais positivas podem ser ampliadas por um bom projeto urbano. Mark Whitehead, no *The Future of Sustainable Cities - Critical Reflections* (editores J. Flint e M. Raco, 2012), nos ensina que uma cidade sustentável é, quase inevitavelmente, uma cidade global. A pegada socioecológica da cidade hoje está interligada às pegadas de cidades distantes e, mais ainda, aos ecossistemas terrestres (p. 33). Outros assuntos (muito comuns na literatura sobre o tema) dessa fascinante coleção de ensaios incluem a interconectividade global das cidades, a natureza do mundo "pós-político", os impactos ainda incertos da crise financeira global do início do século XXI e a relação entre "neoliberalismo" e a teoria do planejamento urbano. E, em um excelente e harmonioso ensaio escrito por Jody Milder em *Sustainable Urban Environments - An Ecosystems Approach* (editores Van Bueren *et al.*, 2012, pp. 263–284), as diversas tipologias formais de cidades são discutidas e o autor expõe muito bem as questões conflitantes a respeito das cidades compactas. O consumo de água das cidades é citado como sendo claramente o "fluxo material" mais substancial. O autor defende que se tome como ponto de partida a cidade como ela é, introduzindo aspectos de sustentabilidade que não a façam perder seu caráter ou sua identidade essencial. Um excelente diagrama do "modelo *ecodevice*?" para a relação entre a cidade e a região (p. 288) indica as diferentes escalas de fluxos e serviu de modelo para o diagrama das regras 96–101 deste livro, o que acrescenta a próxima escala: o planeta Terra. Os também chamados fluxos ecológicos de "entrada-saída" são discutidos em relação à morfologia da cidade no excelente livro de Forman, *Urban Ecology* (2014, Capítulo 3).

No capítulo final do livro *City Design: Modern, Traditional, Green and Systems Perspectives* (2011, pp. 203-211), Barnett conclui sua exposição com um manifesto de seis pontos para o futuro do desenho urbano, incluindo bairros e centros de negócios sem carros, compactos, que priorizem o pedestre. Novos sistemas econômicos, somos informados, relacionam cidades regionais com seu contexto super-regional em uma geografia social modificada; assim, podemos esperar ver um crescimento na especialização dos centros em uma cidade multirregional.

Partir do que já existe para criar espaços públicos de alta qualidade
Rodwell, em *Conservation and Sustainability in Historic Cities* (2007, Capítulo 6), afirma que o ponto de partida para as cidades e sua localização deveria ser a proximidade e o acesso. A pegada ecológica da cidade de Londres, segundo ele, é 125 vezes maior que a sua área de superfície real, um fator que leva o autor a afirmar que questões fundamentais da sustentabilidade incluem: uso do solo, água, matéria-prima não renovável e recursos energéticos, poluição do ar e saúde, resíduos e qualidade dos ambientes físico e socioeconômico (p. 112). Rodwell descreve o modelo histórico de cidade (o qual alguns autores denominam "cidade pré-automóvel"), que estabelecia uma relação sustentável com seu entorno (p. 114), uma condição que a cidade do futuro deve retomar – e, por sua vez, um tema comum em muitas reflexões contemporâneas. Beer e Higgins, em *Environmental Site Planning for Site Development* (2000, p. 260), citam os fatores fundamentais que devem ser compreendidos antes de serem tomadas decisões em uma intervenção: água, resíduos, energia, transporte e biodiversidade.

A sustentabilidade está intimamente relacionada com a alta qualidade do ambiente urbano, e a qualidade é um tema presente na maioria dos textos citados neste volume, senão em todos. Trabalhos a respeito do planejamento e projeto urbano e de como criar um ambiente físico de alta qualidade fogem do escopo deste livro; contudo, a importância da alta qualidade do espaço público e do caráter realmente público desse espaço é bem descrita por Hambleton em *Leading the Inclusive City* (2015, pp. 102–107). As características de um ambiente urbano recomendável são incrivelmente bem capturadas por Rogers em *Cities for a Small Planet* (1997), e as características das cidades do futuro são resumidas por Ween na conclusão *de Future Cities* (2014).

Responsabilidade e ética

Enquanto apenas algumas gerações atrás nós éramos uma espécie rural, que vivia ao ar livre, agora passamos cerca de 90% de nosso tempo dentro de edificações, de acordo com a Agência de Proteção Ambiental dos Estados Unidos, em um artigo intitulado "Buildings and their Impact on the Environment: A Statistical Summary" (2009, p. 4). Valores confiáveis e comparáveis para o número de profissionais qualificados do ambiente construído que estejam projetando essas edificações globalmente são mais difíceis de obter. Contudo, se considerarmos apenas o Reino Unido, cerca de 0,05% (ou um em dois mil) da população é de arquitetos registrados (esse valor é cerca de 0,03% nos Estados Unidos). A responsabilidade de projetar nosso ambiente construído recai, portanto, sobre poucas pessoas. A sustentabilidade é uma questão ética, e a ética ocupa uma posição central em grande parte da literatura sobre o tema. Birkeland, em *Positive Development* (2008, p. 220), discute como lidar com questões éticas básicas é uma questão fundamental para a sustentabilidade, e Edwards, no *Rough Guide to Sustainability* (2014, pp. 327–328), enfoca a ética em um ensaio vanguardista a respeito de educação para a sustentabilidade.

BIBLIOGRAFIA

Baker, N. e Steemers, K. *Daylight Design of Buildings*. Londres, James and James, 2002.

Ballard Bell, V. e Rand, P. *Materials for Architectural Design 2*. Londres, Laurence King, 2014.

Barnett, J. *City Design: Modernist, Traditional, Green and Systems Perspectives*. Abingdon, Oxfordshire, Routledge, 2011.

Beer, A. e Higgins, C. *Environmental Planning for Site Development – A Manual for Sustainable Local Planning and Design*. Londres, Spon, 2000.

Berge, B. *The Ecology of Building Materials*. 2nd ed. Oxford, Elsevier Ltd, 2009.

Birkeland, J. *Positive Development – From Vicious Circle to Virtuous Cycles through Built Environment Design*. Londres, Earthscan, 2008.

Bokalders, V. e Block, M. *The Whole Building Handbook – How to Design Healthy, Efficient and Sustainable Buildings*. Londres, Earthscan (coedição com RIBA Publishing), 2010.

Bougdah, H. e Sharples, S. *Environment, Technology and Sustainability*. Oxfordshire, Abingdon, Taylor & Francis, 2010.

Braungart, M. e McDonough, W. *Cradle to Cradle – Remaking the Way we Make Things*. Londres, Vintage, 2009 (edição em português: *Cradle to Cradle – Criar e reciclar ilimitadamente*. São Paulo, Editora Gustavo Gili, 2014).

Bringezu, S. *et al. Towards Sustainable Production and Use of Resources: Assessing Biofuels*. Nairobi, Quênia, The UN Environment Programme's International Panel for Sustainable Resource Management (UNEP), 2009.

Brown, G.Z. e DeKay, M. *Sun, Wind and Light: Architectural Design Strategies*. Nova York, NY, Wiley, 2001 (edição em português: *Sol, Vento e Luz: Estratégias para o projeto de arquitetura*. Porto Alegre, Bookman, 2004).

Bulkeley, H. *Cities and Climate Change*. Abingdon, Oxfordshire, Routledge, 2013.

CABE Space. *Making Contracts Work for Wildlife: How to Encourage Biodiversity in Urban Parks.* Londres, Commission for Architecture and the Built Environment, 2006.

Carroon, J. *Sustainable Preservation – Greening Existing Buildings*. Hoboken, New Jersey, Wiley, 2010.

Chakrabarti, V. *A Country of Cities – A Manifesto for Urban America.* Nova York, NY, Metropolis Books, 2013.

Ching, F. *Architectural Graphics.* Hoboken, New Jersey, Wiley, 2009 (edição em português: *Representação gráfica em arquitetura.* 5 ed. Porto Alegre, Bookman, 2011) (edição em espanhol: *Manual de dibujo arquitectónico.* 5 ed. Barcelona, Editora Gustavo Gili, 2016).

Clark, D.H. *What Colour is Your Building?* Londres, RIBA Publishing, 2013.

Cockrall-King, J. *Food and the City – Urban Agriculture and the New Food Revolution.* Amherst, NY, Prometheus Books, 2012.

Davies, W.J. *et al.* Perception of soundscapes: An interdisciplinary approach. *Applied Acoustics, 74 (2)*, 2013, pp. 224–231.

DeKay, M. *Integral Sustainable Design – Transformative perspectives.* Londres, Earthscan, 2011.

Desai, P. e Riddlestone, S. *Bioregional Solutions – For Living on One Planet.* Totnes, Devon, Green Books Ltd, 2002, reimpresso em 2007.

Dorling Kindersley Visual Encyclopedia. Londres, Dorling Kindersley, 1996.

Edwards, B. *Rough Guide to Sustainability – A Design Primer.* 4 ed. Londres, RIBA Publishing, 2014 (edição em português: *O guia básico para a sustentabilidade*. São Paulo, Editora Gustavo Gili, 2009).

Edwards, B. e Naboni, E. *Green Buildings Pay – Design, Productivity and Ecology*. 3 ed. Abingdon, Oxfordshire, Routledge, 2013.

Fainstein, S. *The Just City*. Ithaca, Nova York, Cornell University Press, 2010.

Farrelly, L. *Representational Techniques*. Lausanne, Suíça, AVA Publishing SA, 2008 (edição em português: *Técnicas de representação*. Porto Alegre, Bookman, 2011).

Flint, J. e Raco, M. (editores). *The Future of Sustainable Cities – Critical Reflections*. Bristol, The Policy Press, 2012.

Fookes, P.G.; Lee, E.M. e Griffiths, J.S. *Engineering Morphology – Theory and Practice*. Dunbeath, Caithness, Whittles Publishing, 2007.

Ford, A. *Mindfulness & the Art of Urban Living*. Lewes, East Sussex, Leaping Hare Press, 2013.

Forman, R. *Urban Ecology – Science of Cities*. Cambridge, Cambridge University Press, 2014.

Gaines, J. e Jäger, S. *Albert Speer & Partners – A Manifesto for Sustainable Cities*. Munique, Alemanha, Prestel Verlag, 2009.

Gehl, J. *Cities for People*. Washington, DC, Island Press, 2010 (edição em português: *Cidades para Pessoas*. São Paulo, Perspectiva, 2014).

Gethering, W. e Puckett, K. *Design for Climate Change*. Londres, RIBA Publishing, 2013.

Givoni, B. *Climate Considerations in Building and Urban Design*. Nova York, NY, Wiley, 1998.

Gruber, P. *Biomimetics in Architecture – Architecture of Life and Buildings*. Viena, Áustria, Springer-Verlag, 2011.

Gunnell, K.; Murphy, B. e Williams, C. *Designing for Biodiversity: A Technical Guide for New and Existing Buildings*. 2 ed. Londres, RIBA Publishing, 2013.

Haggard, K.; Bainbridge, D. e Aljilani, R. (editor da série: Goswami, DY). *Passive Solar Architecture Pocket Reference*. Londres, Earthscan, 2009.

Hall, K. e Nicholls, R. *The Green Building Bible, Volume 2*. Llandysul, Ceredigion, Green Building Press, 2006.

Halliday, S. *Sustainable Construction*. Oxford, Butterworth-Heinemann, 2008.

Hambleton, R. *Leading the Inclusive City – Place-based Innovation for a Bounded Planet*. Bristol, Policy Press, 2015.

Henson, R. *The Rough Guide to Weather.* Londres, Rough Guides, 2007.

Heywood, H. *101 Rules of Thumb for Low-energy Architecture.* Londres, RIBA Publishing, 2012 (edição em português: *101 regras básicas para uma arquitetura de baixo consumo energético*. São Paulo, Editora Gustavo Gili, 2015).

Jacobs, J. *The Death and Life of Great American Cities*. Modern Library Edition, 1993 (edição em português: *Morte e Vida de Grandes Cidades*. São Paulo, Martins Fontes, 2011).

Jacques, P. *Sustainability – the Basics.* Abingdon, Oxfordshire, Routledge, 2015.

Krygiel, E. e Nies, B. *Green BIM: Successful Sustainable Design with Building Information Modeling*. Indianapolis, Indiana, Wiley, 2008.

Kwok, A.G. e Grondzik, W.T. *The Green Studio Handbook, Environmental Strategies for Schematic Design*. Oxford Architectural Press, 2007 (edição em português: *Manual de arquitetura ecológica.* 2 ed. Porto Alegre, Bookman, 2013).

Langley, B. e Curtis, D. *Going with the Flow: Small Scale Water Power.* Machynlleth, Powys, CAT Publications, 2004.

Lévy, F. *BIM in Small-Scale Sustainable Design*. Hoboken, New Jersey, Wiley, 2012.

Liddell, H. *Eco-minimalism – The Antidote to Eco-bling.* 2 ed. Londres, RIBA Publishing, 2013.

Lippke, B. Characterizing the Importance of Carbon Stored in Wood Products, in *Wood and Fiber Science, 42* (Consortium for Research on Renewable Industrial Materials [CORRIM] Special Issue), 2010, pp. 5–14.

Littlefair, P. *Passive Solar Urban Design: Ensuring the Penetration of Solar Energy Into the City, Renewable and Sustainable Energy Reviews 2* (1998). Watford, Hertfordshire, Building Research Establishment, 1998, pp. 306–326.

Lim, C.J. *Food City.* Abingdon, Oxfordshire, Routledge, 2014.

MacKay, D. *Sustainable Energy – Without the Hot Air*. Cambridge, UIT, 2009.

Moughtin, C. com Shirley, P. *Urban Design - Green Dimensions.* 2 ed. Oxford, Architectural Press, 2005.

Moxon, S. *Sustainability in Interior Design.* Londres, Laurence King, 2012 (edição em português: *Sustentabilidade no design de interiores.* São Paulo, Editora Gustavo Gili, 2012).

Oseland, N. "Adaptive thermal comfort models". *Building Services Journal*, pp. 41 e 42. Dez 1998.

Pawlyn, M. *Biomimicry in Architecture.* Londres, RIBA Publishing, 2011.

Pelsmakers, S. *The Environmental Design Pocketbook.* 2 ed. Londres, RIBA Publishing, 2015.

Penoyre & Prasad (editor: Prasad, S). *Retrofit for Purpose - Low Energy Renewal of Non-Domestic Buildings.* Londres, RIBA Publishing, 2014.

Radovic, D. *Eco-Urbanity: Towards Well-mannered Built Environments.* Nova York, NY, Routledge, 2009.

Register, R. *EcoCities: Rebuilding Cities in Balance with Nature.* Vancouver, Canadá, New Society Publishers, 2006.

Reid, W.V. *et al.* (editores). *Bridging Scales and Knowledge Systems - Concepts and Applications in Ecosystem Assessment.* Washington, DC, Island Press, 2006.

Ritchie, A. e Thomas, R. (editores). *Sustainable Urban Design - An Environmental Approach.* Nova York, NY, Taylor & Francis, 2009.

Rodwell, D. *Conservation and Sustainability in Historic Cities.* Oxford, Blackwell, 2007.

Rogers, R. *Cities for a Small Planet.* Londres, Faber and Faber, 1997 (edição em português: *Cidades para um pequeno planeta.* São Paulo, Editora Gustavo Gili, 2014).

Rosen, N. *How to Live Off-grid - Ever Wanted to Unplug from the Rat Race?* Londres, Transworld Publishers, 2007.

Rowe, C. e Koetter, F. *Collage City.* Cambridge, MA, MIT Press, 1978.

Rudofsky, B. *Architecture without Architects: A Short Introduction to Non-Pedigreed Architecture.* Londres, Academy Editions, 1981.

Sassi, P. *Strategies for Sustainable Architecture*. Abingdon, Oxfordshire, Taylor & Francis, 2006.

Spicer, J. *Biodiversity: a Beginner's Guide*. Oxford, Oneworld Publications, 2006.

Squarzoni, P. *Climate Changed – A Personal Journey Through the Science*. Nova York, NY, Abrams ComicArts, 2012.

Steel, C. *Hungry City*. Londres, Vintage, 2013.

Thomas, R. *Environmental Design, an Introduction for Architects and Engineers*. Nova York, NY, Taylor & Francis, 2006.

Tregenza, P. e Wilson, W. *Daylighting – Architecture and Design*. Abingdon, Oxfordshire, Routledge, 2011.

Tucker, L.M. *Designing Sustainable Residential and Commercial Interiors – Applying Concepts and Practices*. Londres, Bloomsbury, 2015.

Vale, B. e Vale, R. *Green Architecture – Design for a Sustainable Future*. Londres, Thames and Hudson, 1991.

Van Bueren, E. *et al. Sustainable Urban Environments – An Ecosystems Approach*. Países Baixos, Springer, 2012.

Van Lengen, J. *The Barefoot Architect*. Bolinas, Califórnia, Shelter Publications Inc., 2008 (edição em português: *Manual do arquiteto descalço*. São Paulo, B4 Editores, 2014).

Viljoen, A.; Bohn, B. e Howe, J. *Continuous Productive Urban Landscapes: Designing Urban Agriculture for Sustainable Cities*. Oxford, Architectural Press, 2005.

Weber, W. e Yannas, S. (editores). *Lessons from Vernacular Architecture: Achieving Climatic Buildings by Studying the Past*. Abingdon, Oxfordshire, Routledge, 2014.

Ween, C. *Future Cities – All That Matters*. Londres, John Murray, 2014.

Wheeler, S. *Planning for Sustainability: Creating Livable, Equitable and Ecological Communities*. 2 ed. Abingdon, Oxfordshire, Routledge, 2013.

Wilbanks, T. – How Scale Matters: Some Concepts and Findings, *in Bridging Scales and Knowledge Systems – Concepts and Applications in Ecosystem Assessment* (editores Reid *et al.*). Washington, DC, Island Press, 2006.

Williams, D. *Sustainable Design - Ecology, Architecture, and Planning.* Hoboken, New Jersey, Wiley, 2007.

Woolley, T. *et al. Green Building Handbook: A Guide to Building Products and their Impact on the Environment,'* Volume 1. Londres, Spon, 1997.

Yeang, K. e Woo, L. *Dictionary of Ecodesign - An Illustrated Reference.* Abingdon, Oxfordshire, Routledge, 2010.

Recursos na *web*

A menos que haja indicação contrária, todos os *websites* foram acessados em 14 agosto de 2015.

Alaghmandan, M.; Abdolhossein-Pour, F. e Mohammadi, J. "Innovative Design Methods for Tall Buildings - A computational-based approach in optimizing the wind effects on tall buildings". *In* M.A. Schnabel (editor). Cutting Edge: 47th International Conference of the Architectural Science Association (ANZAScA), Austrália, pp. 525–34, 2013. Acessado em: http://anzasca.net/wp-content/uploads/ 2014/08/27.pdf

Alcock, I. *et al.* "Longitudinal Effects on Mental Health of Moving to Greener and Less Green Urban Areas". European Centre for Environment and Human Health: University of Exeter Medical School, 2013. Acessado em: http://pubs.acs.org/doi/pdf/10.1021/es403688w

Alliance for Sustainable Building Products. Acessado em: www.asbp.org.uk

Barlow, S. e Fiala, D. "Occupant Comfort in UK Offices - How adaptive comfort theories might influence future low energy office refurbishment strategies". *Energy and Buildings*, n. 39, pp. 837–846, 2007. Acessado em: www.sciencedirect.com/science/article/pii/ S0378778807000394

Barton, H. e Grant, M. "A Review of the Progress of the European Healthy Cities Programme". *Journal of Urban Health: Bulletin of the New York Academy of* Medicine, 2011. Acessado em: http://www.healthycities.org.uk/uploads/files/bartongrant_juh_2012.pdf

Bat Conservation International. Acessado em: www.batcon.org

Bat Conservation Trust. Acessado em: www.bats.org.uk

Beyer, P. Livable New York – Sustainable Communities for all Ages, 2012. www.aging.ny.gov/LivableNY/ResourceManual/TableOfContents.pdf

Biodiversity Information System for Europe (BIDE). Acessado em: biodiversity.europa.eu/topics/ecosystem-services

Blocken, B. e Carmeliet, J. "Pedestrian wind environment around buildings: Literature review and practical examples". *Journal of Thermal Envelope and Building Science*, 28(2), pp. 107–159, Sage Publications Ltd., 2004. Acessado em: http://jen.sagepub.com/content/28/2/107.abstract

Bordass, W.; Leaman, A. e Bunn, R. Controls for End Users: A Guide for Good Design and Implementation. Building Controls Industry Association (BCIA), 2007. Acessado em: www.bsria.co.uk/information-membership/information-centre/library/item/controls-for-end-users-a-guide-for-good-design-and-implementation-may-2007

Bordass, W.; Leaman, A. e Eley, J. A guide to feedback and post-occupancy evaluation. The Usable Buildings Trust, 2006. Acessado em: goodhomes.org.uk/downloads/members/AGuideToFeedbackAndPostOccupancyEvaluation.pdf

Building Research Establishment (BRE group) Green Guide to Specification. Acessado em: www.bre.co.uk/greenguide

Building Services Research and Information Association (BSRIA). Acessado em: www.bsria.co.uk

Carbon Trust guide. Small-scale wind energy – Policy insights and practical guidance, 2008. Acessado em: https://www.carbontrust.com/media/77248/ctc738_small-scale_wind_energy.pdf.

Carlowicz, M. e Simmon, R. Seeing Forests for the Trees and the Carbon: Mapping the World's Forests in Three Dimensions, 2012. Acessado em: earthobservatory.nasa.gov/Features/ForestCarbon

Chi-Nguyen Cam, W. Carbon sink and low-carbon building materials. Climatetechwiki. Acessado em: www.climatetechwiki.org/technology/carbon-sink-and-low-carbon-building-materials

Clifford, M. Organic building "is almost 100% compostable", 18 fev. 2014. Technology 4 Change. Acessado em: www.technology-4change.com/ article.jsp?id=384#.VhzS9PlViko

The Climate Group. Acessado em: www.theclimategroup.org/

Cutting embodied carbon in construction projects (undated) WRAP Information sheet for construction clients and designers. Acessado em: www.wrap.org.uk/sites/files/wrap/FINAL%20PRO095-009%20Embodied%20Carbon%20Annex.pdf

Dalton, J. Is net positive feasible when it comes to water? Guardian Sustainable Business, 2103. Acessado em: www.theguardian.com/sustainable-business/net-positive-feasible-water

Data 360. Acessado em: www.data360.org/dsg.aspx?Data_Set_Group_ Id=757

De Leeuw, E. Do Healthy Cities Work? A Logic of Method for Assessing Impact and Outcome of Healthy Cities, *in Journal of Urban Health: Bulletin of the New York Academy of Medicine*, Vol. 89, No. 2, 2012. Acessado em: http://www.ncbi.nlm.nih.gov/pmc/articles/PMC3324614

Designing Buildings Wiki. Thermal comfort in buildings (última edição em 11 de março de 2015). Acessado em: www.designingbuildings.co.uk/wiki/Thermal_ comfort_in_buildings

Dybas, C. Soundscape Ecology: Studying Nature's Rhythms. National Science Foundation/Ecology Global Network, 2012. Acessado em: http://www.ecology.com/2012/08/24/soundscape-ecology

Ecological Society of America (ESA). Acessado em: www.esajournals. org/doi/abs/10.1890/090015

Ecology Global Network. Acessado em: www.ecology.com

Edwards, L. e Torcellini, P. A Literature Review of the Effects of Light on Building Occupants. National Renewable Energy Laboratory, Colorado, 2002. Acessado em: http://www.nrel.gov/docs/ fy02osti/30769.pdf

Energy Saving Trust. Acessado em: www.energysavingtrust.org.uk

Environmental Leader, Carbon Capture Pilot Turns CO_2 into Green Building Materials (ago. 2013). Acessado em: www. environmentalleader.com/2013/08/26/carbon-capture-pilot-turns-co2-into-green-building-materials

Environmental Product Declaration (EPD) International. Acessado em: www.environdec.com

European Environment Agency report. Energy efficiency and energy consumption in the transport sector, 2012. Acessado em: www.eea.europa.eu/data-and-maps/indicators/energy-efficiency-and-energy-consumption-4/assessment

Faskunger, J. (2011, publicado on-line em 15 de junho de 2012). "Promoting Active Living in Healthy Cities of Europe". *Journal of Urban Health: Bulletin of the New York Academy of Medicine*, vol. 90, n. 1, suplemento, pp. 142–153, out. 2013. Acessado em: http://link.springer.com/ article/10.1007%2Fs11524-011-9645-7

Forbes, S. e Dakin, R. Terrestrial Sequestration: An Adaptation and Mitigation Strategy. US Department of Energy, 2003. Acessado em: http://www.netl.doe.gov/publications/proceedings/03/carbon-seq/pdfs/054.pdf

Forum for the Future. Acessado em: www.forumforhtefuture.org

Forum for the Future, The Net Positive Group. Acessado em: www.forumforthefuture.org/project/net-positive-group/overview

Global Footprint Network. Acessado em: www.footprintnetwork.org

GreenSpec. Acessado em: www.greenspec.co.uk/embodied-energy.php

Hortas urbanas. www.canterbury.gov.uk/media/85346/canterbury-city-council-allotment-strategy.pdf www.darlington.gov.uk/media/154909/ApprovedAllotmentStrategy.pdf www.oxford.gov.uk/Library/Documents/Policies%20and%20Plans/ Green%20Spaces%20Strategy%202013-27.pdf

Institute for Sustainability, Low Carbon Domestic Retrofit Guides. Acessado em: www.instituteforsustainability.co.uk/retrofitguides

International Organization for Standardization (ISO). Acessado em: www. iso.org

Irvine, K. *et al*. "Green space, soundscape and urban sustainability: an interdisciplinary, empirical study". *Local Environment: The Interna-*

tional Journal of Justice and Sustainability, 2009. Acessado em: dx. doi. org/10.1080/13549830802522061

Lockwood, C. "Building Retro Fits". *Urban Land*, nov./dez. 2009. Acessado em: www.esbnyc.com/sites/default/files/uli_ building_retro_fits.pdf

Mavrogianni, A. *et al.* "The unintended consequences of energy efficient retrofit on indoor air pollution and overheating risk in a typical Edwardian mid-terraced house", 2013. Acessado em: www.academia.edu/8524127/The_unintended_consequences_of_energy_efficient_retrofit_on_indoor_air_pollution_condensation_and_overheating_risk_in_a_typical_Georgian_mid-terrace_house

Milne, M. Climate Consultant 5. University of California, Los Angeles (UCLA). Acessado em: www.energy-design-tools.aud.ucla.edu

Monroe, R. "How Much CO_2 Can The Oceans Take Up?", 2013. Acessado em: scripps.ucsd.edu/programs/keelingcurve/2013/07/03/how-much-co2-can-the-oceans-take-up

Montazami, A.; Ahmed, A. e Al-Eisawi, A.D. (2013). "The Relationship between Peoples' Satisfaction and LEED Building Rating in Jordanian Office Buildings". Acessado em: www.coventry.ac.uk/Global/Faculty%20 events/SB13/SB13-37-Relationship-between-peoples-satisfaction-and-leed-building-rating.pdf

Mutal, S. A World Overview on Conservation, Rehabilitation, Development and Management of Historic Cities/Centres A Retrospective, 2004. Disponível em: www.heritageanddevelopment.org/files/article04.pdf

Naeem, S.; Duffy, J.E. e Zavaleta, E. "The Functions of Biological Diversity in an Age of Extinction". *Science*, vol. 336, n. 6087, pp. 1, 401–406, 15 jun. 2012. Acessado em: https://www.sciencemag.org/content/336/6087/1401.short

National Aeronautics and Space Administration (NASA). Acessado em: www.nasa.gov

Nasa Jet Propulsion Laboratory, California Institute of Technology (CalTec). Acessado em: www.jpl.nasa.gov

Proppe, D.; Sturdy, C. e Cassady St. Clair, C. "Anthropogenic noise decreases urban songbird diversity and may contribute to homogenization". *Global Change Biology* 19, pp.1.075–1.084, 2013. Acessado em: 10.1111/gcb.12098. onlinelibrary.wiley.com

RenewableUK. Acessado em: www.renewableuk.com

Resilient Cities. Acessado em: resilient-cities.iclei.org

Responsible Retrofit Guidance Wheel, Sustainable Traditional Buildings Alliance (STBA). Acessado em: www.responsible-retrofit.org/wheel

Riebeek, H. The Carbon Cycle, 2011. Acessado em: earthobservatory.nasa.gov/Features/CarbonCycle

Royal Institute of Chartered Surveyors (RICS) (2012) Strategies for Reducing Construction Waste to Landfill in the UK. Acessado em 30 de dezembro de 2013 em: www.rics.org/research

Srivastava, S. em Sharma, M. (1997). "Seasonal affective disorder: report from India (latitude 268 459N)". *Journal of Affective Disorders* 49 (1998), pp. 145–150. Acessado em: http://www.ncbi.nlm.nih.gov/pubmed/9609679

Sustainable Cities Collective. Acessado em: www.sustainablecitiescollective.com

Sustainable Cities Collective, lista completa de artigos sobre reciclagem de uso. Acessado em: www.sustainablecitiescollective.com/all/2282?ref=navbar

The Climate Group. Acessado em: www.theclimategroup.org/what-we-do/ publications/net-positive-a-new-way-of-doing-business

Technology4Change. Acessado em: www.technology4change.com

UK Government Cabinet Office. Government Soft Landings, 2013. Acessado em: http://www.bimtaskgroup.org/wp-content/uploads/2013/05/Government-Soft-Landings-Executive-Summary.pdf

UK Government Department for Environment, Food and Rural Affairs (Defra) (2014) Energy from waste: A guide to the debate. Acessado em: www.gov.uk/government/uploads/system/uploads/attachment_data/file/284612/pb14130-energy-waste-201402.pdf

UK Government Department of Energy and Climate Change (DECC). Energy Consumption in the UK, 2014. Acessado em: http://data.gov.uk/dataset/energy_consumption_in_the_uk

UK Government Environment Agency. Acessado em: www.gov.uk/government/organisations/environment-agency

UK Government PostNote Number 366: UK Indoor Air Quality (2010). Acessado em: www.parliament.uk/documents/post/postpn366_indoor_air_ quality.pdf

United Nations. Acessado em: www.un.org

United Nations Convention on Biological Diversity. Acessado em: www.cbd.int

United Nations Convention on Biological Diversity (UN CBD) (2010). Strategic Plan for Biodiversity 2011–2020 and the Aichi Targets: "Living in Harmony with Nature". Acessado em: www.cbd.int/doc/strategic-plan/2011-2020/Aichi-Targets-EN.pdf

United Nations Convention on Biological Diversity (UN CBD) (2000). Sustaining Life on Earth, (2000). Acessado em: www.cbd.int/doc/publications/cbd-sustain-en.pdf

United Nations Population Division. Acessado em: www.un.org/en/development/desa/population

US Centers for Disease Control and Prevention. Factors Affecting Indoor Air Quality. Acessado em: www.cdc.gov/niosh/pdfs/sec_2.pdf

US Environmental Protection Agency. Acessado em: www.epa.gov

US Environmental Protection Agency (2009, revisado em 22 de abril de 2009). Buildings and their Impact on the Environment: A Statistical Summary. Acessado em: http://archive.epa.gov/greenbuilding/web/pdf/gbstats.pdf

US Environmental Protection Agency (última atualização em 11 de setembro de 2015). Acessado em: www.epa.gov/climatechange/ghgemissions/gases.html

US National Institute of Building Sciences. Whole Building Design Guide (Retrofit). Acessado em: www.wbdg.org/references/fhpsb_existing.php

Waste & Resources Action Programme (WRAP). Acessado em: www.wrap.org.uk

WRAP information sheet: Cutting embodied carbon in construction projects. Acessado em: http://www.wrap.org.uk/sites/files/wrap/FINAL%20 PRO095-009%20Embodied%20Carbon%20Annex.pdf

Water Aid UK. Acessado em: www.wateraid.org

Waterwise. Acessado em: www.waterwise.org.uk

World Bank. Acessado em: www.worldbank.org

World Bank Energy Overview (última atualização em 16 de setembro de 2015). Acessado em: www.worldbank.org/en/topic/energy/overview#1

World Energy Council. Acessado em: www.worldenergy.org

World Energy Council – Energy Efficiency Indicators Database (última atualização em abril de 2015). Acessado em: www.wec-indicators.enerdata.eu/

World Health Organisation (WHO) Healthy Cities. Acessado em: www.euro.who.int/en/health-topics/environment-and-health/urban-health/ activities/healthy-cities

World Wide Fund for Nature. Acessado em: www.wwf.org

Your Home: Australia's guide to environmentally sustainable homes. Acessado em: www.yourhome.gov.au

ÍNDICE